Thomas Schnakenberg

Regensburg zu Fuß

Die schönsten Sehenswürdigkeiten zu Fuß entdecken

SOCIETÄTS VERLAG

Die Angaben und Informationen in diesem Buch sind aktuell recherchiert und vor Drucklegung sorgfältig überprüft worden. Sie erheben keinen Anspruch auf Vollständigkeit zum Zeitpunkt der Veröffentlichung. Trotzdem ist darauf hinzuweisen, dass sich Telefonnummern, Öffnungszeiten und andere Angaben ändern können. Weder der Autor noch der Verlag übernehmen trotz größtmöglicher Sorgfalt Verantwortung und Haftung für eventuelle Fehler.

FSC
www.fsc.org
MIX
Papier aus verantwortungsvollen Quellen
FSC® C083411

4. aktualisierte Neuauflage

Satz: Julia Desch, Societäts-Verlag
Umschlaggestaltung: Bruno Dorn, Societäts-Verlag
Umschlagabbildung: © Sina Ettmer/Adobe Stock
Karten: Peh & Schefcik
Druck und Verarbeitung: CPI books GmbH, Leck
Printed in Germany 2020

ISBN 978-3-95542-353-7

Besuchen Sie und auch im Internet:
www.societaets-verlag.de

Inhalt

Vorwort

Willkommen in Regensburg, der schönsten Stadt Bayerns! Zugegeben, ein wenig Lokalpatriotismus mag in dieser Aussage mitschwingen, aber durch ihre Gassen und Plätze, ihre Parks und ehrwürdigen Bauten wird die Stadt sicherlich auch Sie verzaubern.

Mit fast 2000 Jahren Geschichte „auf dem Buckel" hat sie mehr erlebt als so manche andere Stadt. Vom Römerlager „Castra Regina" über die erste Hauptstadt Bayerns bis hin zum Sitz des Immerwährenden Reichstags hat sich Regensburg zu einer aufstrebenden Großstadt mit 150.000 Einwohnern entwickelt. Durch vielfältige Industrie, den größten Hafen Bayerns, Hochschulen und Forschungszentren wurde sie zudem zum wirtschaftlichen Zentrum Ostbayerns.

Trotzdem hat Regensburg es geschafft, sich innerhalb des Alleengürtels, der die Altstadt umschließt, den Charme des „mittelalterlichen Wunders Deutschlands" zu erhalten, für den sie im Jahre 2006 schließlich auch mit der Aufnahme in das UNESCO-Welterbeprogramm belohnt wurde.

„Regensburg zu Fuß" lädt Sie ein, diesem Charme zu erliegen.

In neun Rundgängen wird dieses Buch verschiedenste Facetten der Stadt und ihrer ehemaligen Bewohner beleuchten, Sie an Orte führen und Ihnen Geschichten erzählen, die Ihnen die Stadt in ganz neuem Licht zeigen wird.

Ein Serviceteil bietet schließlich alle Informationen, die Sie für einen spannenden und abwechslungsreichen Aufenthalt benötigen.

Neugierig? Dann nichts wie los: Entdecken Sie Regensburg!

Thomas Schnakenberg

Geschichtlicher Überblick

Geschichtlicher Überblick

Bevor Sie mit diesem Buch aufbrechen, um Regensburg auf eigene Faust zu erkunden, ist es angebracht, Ihnen zumindest einen kleinen Überblick über die Entwicklungsgeschichte der Stadt mit auf den Weg zu geben. Dadurch erhalten Sie einen Rahmen, in den sich die nachfolgenden Rundgänge Stück für Stück einfügen lassen, bis ein umfassendes Bild des „mittelalterlichen Wunders Deutschlands" entsteht.

Natürlich kann schon allein der Versuch, 2000 Jahre Entstehungsgeschichte Regensburgs auf wenigen Seiten umfassend zu beschreiben, von vornherein nur teilweise gelingen. Wir werden uns deswegen auf die wichtigsten Eckdaten beschränken.

Die eigentliche Geschichte der Stadt Regensburg beginnt bei den Römern. Unter Kaiser Marc Aurel wird hier, am nördlichsten Punkt der Donau, ein riesiges Militärlager errichtet: 25 Hektar groß, mit meterdicken Steinmauern, hohen Türmen, gewaltigen Torbauten an jeder Seite des Lagers, bemannt von der Dritten Italischen Legion, 6000 schwerbewaffneten römischen Soldaten.

Die Aufgabe des Lagers ist einfach formuliert: den „nassen Limes", die Grenze des Römischen Reichs, gegen eventuelle Angriffe der Germanen aus dem Norden zu verteidigen. Das Kastell liegt dafür strategisch günstig, direkt gegenüber der Mündung des Flusses Regen in die Donau. Daher stammt auch der Name des Militärlagers: Castra Regina, die Burg am Regen.

Die Eröffnung des Lagers 179 n. Chr. wird gemeinhin als die Geburtsstunde Regensburgs akzeptiert. Die Römer sind sogar so freundlich, der Stadt eine Geburtsurkunde auszustellen, die auch heute noch im Historischen Museum zu bewundern ist. Sieben Meter lang und fast einen Meter hoch bekundet die steinerne Inschrift aus dem ehemaligen Osttor des Lagers das Gründungsdatum.

Nach dem Abzug der Legionäre etwa 300 Jahre später wird es einige Zeit still um Regensburg. Erst im 7. Jahrhundert taucht die Stadt wieder in den Büchern auf, dann aber sogleich mit einem Paukenschlag: Mittlerweile haben sich in Regensburg nämlich die Baju-

Die steinerne Bauinschrift im Historischen Museum

waren angesiedelt und hier ihre Herzogspfalz errichtet. Regensburg ist somit die erste Hauptstadt Bayerns!

788 wird Bayern Teil des Frankenreichs und die Stadt sogar zum Hauptaufenthaltsort Karls des Großen im südostdeutschen Raum. Regensburgs Macht wächst.

Nach dem Tod des letzten Karolingers im 10. Jahrhundert geht die Stadtherrschaft wieder an die Bayern über. Unter Herzog Arnulf kommt es zu dieser Zeit zur ersten großen Stadterweiterung. Dies war auch nötig, denn der wirtschaftliche Werdegang der Stadt im Mittelalter und das damit einhergehende Wachstum sind beeindruckend.

Das 12. und 13. Jahrhundert können ohne Zweifel als die Blütezeit Regensburgs bezeichnet werden. Der Knotenpunkt verschiedenster Handelswege – die Donau nicht zu vergessen – lockt zahlreiche Kaufmannsfamilien an, die von hier aus ihr Imperium weiter ausbauen wollen. Diese Familien bilden nun das Patriziat, das reiche

Regensburger Bürgertum, das nicht nur das Bild der Gesellschaft entscheidend verändert, sondern auch die Stadt an sich: In diese Zeit fallen die Bauten der großen Wohnburgen, die heute noch die Altstadt prägen. Auch die Steinerne Brücke wird im 12. Jahrhundert errichtet. Als einziger befestigter Donauübergang zwischen Ulm und Wien dient sie nicht nur den Händlern, sondern stellt auch eines der wichtigsten strategischen Bauwerke des Reiches dar. Regensburg ist auf dem Höhepunkt seiner Macht.

Wo so viel Macht und Reichtum an einem Ort zusammenkommen, bleiben Probleme natürlich nicht aus. Herzog und Kaiser streiten sich um die Vorherrschaft in der Stadt, und auch die Kirche, die seit dem 8. Jahrhundert in Regensburg ansässig ist und stetig an Einfluss gewinnt, mischt kräftig mit.

Die Bürger der Stadt profitieren von diesem Streit: Um den einflussreichen Geldadel für sich zu gewinnen, überhäufen Herzog und Kaiser Regensburg mit Privilegien verschiedenster Art.

1245 schließlich erhebt Kaiser Friedrich II. Regensburg in den Stand der Reichsfreiheit. Ab sofort ist die Stadt nur noch dem Kaiser verpflichtet, ist nicht mehr Teil Bayerns, und Herzog und Bischof haben das Nachsehen. Zudem dürfen die Bürger nun auch die herrschenden Amtsträger der Stadt, Bürgermeister und Stadträte, selbst wählen.

Ab dem 14. Jahrhundert beginnt der wirtschaftliche Niedergang der Stadt. Die Handelswege verlagern sich nach Norden, und die Regensburger Händler haben Probleme, Abnehmer für ihre Waren – vor allem Luxusgüter – zu finden. Durch innere und äußere Streitigkeiten schwächen die Patrizier die Stadt und sich selbst. Zudem haben die bayerischen Herzöge Regensburg die Reichsfreiheit nicht verziehen und versuchen durch Handelsblockaden und andere Schikanen, die Stadt zu einer Rückkehr zu Bayern zu zwingen.

Die Situation ist aussichtslos: Regensburg ist tief verschuldet, der Handel kommt zum Erliegen, von der ursprünglichen Macht der Stadt ist nichts mehr zu spüren.

Es kommt zu Unruhen unter der Bevölkerung, die 1519 sogar in der Zerstörung der jüdischen Gemeinde gipfeln, einer der ältesten und traditionsreichsten Gemeinden Deutschlands.

Einer anderen Religion steht man etwas toleranter gegenüber: 1542 tritt der gesamte Stadtrat und ein Großteil der Bürgerschaft zum evangelischen Glauben über und vertieft dadurch noch einmal die Kluft zwischen Regensburg und dem katholischen Bayern, die Stadt der beiden Konfessionen – der Bischof Regensburgs und seine Untergebenen waren natürlich dem katholischen Glauben treu geblieben – wird jedoch zum idealen Austragungsort des Immerwährenden Reichstags. Von 1663 bis 1806 tagt hier das „erste europäische Parlament" und verleiht Regensburg nach außen den Schein einer prunkvollen Weltstadt. Den Vorsitz des Reichstags führen ab 1748 die Herren des Hauses Thurn und Taxis, das zu diesem Zeitpunkt in Regensburg Fuß gefasst hat.

Die Herrlichkeit und Pracht des höfischen Gesandtenlebens endet abrupt im 19. Jahrhundert. Nach einem kurzen Intermezzo als Fürstentum unter Carl Theodor von Dalberg wird Regensburg, nachdem es sich von der hier ausgetragenen Schlacht Napoleons gegen die österreichischen Truppen 1809 wieder erholt hat, per Vertrag dem neugegründeten Königreich Bayern einverleibt.

Regensburg hat seine Macht und seinen Einfluss damit endgültig verloren und verfällt in eine Art Dornröschenschlaf, aus dem es erst allmählich wieder erwacht.

Heute präsentiert sich die Stadt in einem anderen Licht. Vor allem durch die Eröffnung der vierten bayerischen Landesuniversität 1962 und die Ansiedelung diverser Industriezweige hat sich Regensburg zu einer wirtschaftlichen und wissenschaftlichen Größe entwickelt, und das blühende Kultur- und Bildungsleben der Stadt lassen ab und an den Glanz der alten Zeit wieder zum Vorschein kommen.

‚Best of' Regensburg – Der klassische Spaziergang

‚Best of' Regensburg – Der klassische Spaziergang

Es gibt in jeder Stadt gewisse Denkmäler und Gebäude, die man als Besucher gesehen haben sollte, die aber leider mitunter weit auseinanderliegen. Will man sie trotzdem alle besichtigen, sind oft unnötig lange Bus- oder U-Bahn-Fahrten die Folge.

Regensburg bildet da eine Ausnahme. Nach Abzug der römischen Truppen entwickelte sich die Stadt unter den Bajuwaren zuerst innerhalb der schützenden Mauern des Legionslagers und wuchs von da aus langsam nach außen. Deswegen befinden sich die meisten der historischen Sehenswürdigkeiten auch in unmittelbarer Nähe zueinander.

Der erste Rundgang dieses Buchs führt durch den mittelalterlichen Stadtkern zu den wichtigsten dieser Sehenswürdigkeiten. Er

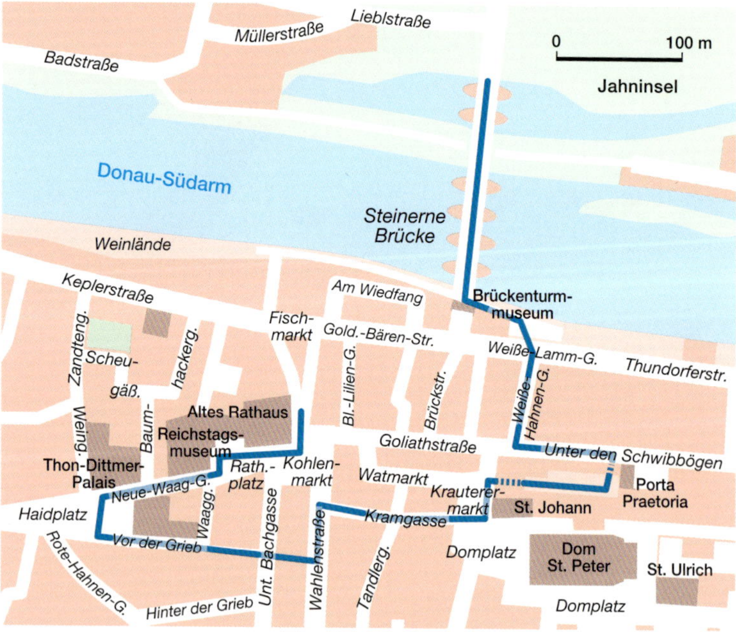

beginnt im politischen Zentrum der Stadt, dem Alten Rathaus, und endet am Wahrzeichen Regensburgs, der Steinernen Brücke.

LÄNGE: ca. 1,5 km
STRECKE: größtenteils eben, eine Treppe (kann umgangen werden)
ANFAHRT: Altstadtbus, Haltestelle Altes Rathaus

Bis zum Beginn des 13. Jahrhunderts gab es kein Rathaus in Regensburg. Die Stadt war bayerische Hauptstadt, und der Herzog regierte sie von seiner Pfalz am Alten Kornmarkt aus.

Dies änderte sich allerdings, als Regensburg im Jahr 1245 von Kaiser Friedrich II. in den Stand der Reichsfreiheit erhoben wurde. Die Bürger waren ab diesem Zeitpunkt nur noch dem Kaiser verpflichtet, mussten sich ab sofort aber auch selbst verwalten. Deswegen wurde bis 1260 das Kernstück des Rathauses gebaut, eine vierflügelige Anlage mit achtgeschossigem Turm. Durch diese Form, die den Häusern der reichen Patrizier sehr ähnlich ist, wollte man

Das Alte Rathaus

Don Juan d'Austria

dem „Normalbürger“ Regensburgs von vornherein zu verstehen geben, dass in der Stadt nur die reichen Kaufleute das Sagen hatten, aus denen sich der Rat der Stadt auch zusammensetzte.

Im 14. Jahrhundert legte man den Grundstein für den Westflügel. Hier versammelte sich 350 Jahre später der „Immerwährende Reichstag“, um als Herzstück des Heiligen Römischen Reichs die politischen Geschicke der Welt zu lenken.

Der Figurenschmuck des Portals gibt einen Einblick in das Selbstverständnis der Regensburger im Mittelalter: Schutz und Trutz, zwei schwerbewaffnete Statuen, symbolisieren die Wehrhaftigkeit der Stadt.

Linker Hand die offiziellen Stadtmaße, die bis zur Einführung des metrischen Systems verpflichtend waren: Schuh, Elle und Klafter. Sie galten durch ihre überdurchschnittlichen Längen als Symbol für Reichtum, denn nur wohlhabende Städte konnten sich so große Stadtmaße leisten.

Der barocke Ostflügel aus dem 18. Jahrhundert schließlich sollte die im Rahmen des Immerwährenden Reichstags aufgetretene Raumproblematik im Rathaus lösen.

Der Reichssaal und andere Versammlungszimmer sowie die historische Fragstatt im Keller des Rathauses können im Rahmen einer Führung durch das Reichstagsmuseum besichtigt werden.

DOCUMENT REICHSTAG

Altes Rathaus · 93047 Regensburg · Tel.: 0941-5073440/3442

Führungstermine unter https://www.regensburg.de/kultur/museen
Eintritt: 7,50 € · 4 € ermäßigt · 15 € Familien

Den Zieroldsplatz schmückt die Statue von Don Juan d'Austria, des Seehelden der Stadt, das Ergebnis einer Liaison von Kaiser Karl V. mit der schönen Gürtlerstochter Barbara Blomberg. Don Juan wurde berühmt als General der Seeschlacht von Lepanto am 7. Oktober 1571, bei der er die Flotte des Osmanischen Reiches im Kampf um die Vorherrschaft im Mittelmeerraum vernichtend schlug.

Das nicht ganz unumstrittene Standbild – immerhin ruht der rechte Fuß von Don Juan auf dem abgeschlagenen Kopf eines türkischen Generals – ist eine Kopie der Originalstatue in Messina und befindet sich seit 1977 im Besitz der Stadt.

Zurück am Rathaus überquert man den Platz nach Westen und erreicht so den Haidplatz. Umrahmt von beeindruckenden Patrizierburgen aus dem Mittelalter dient der Festplatz der Stadt auch heute Veranstaltungen aller Art, von politischen Kundgebungen bis hin zum Bayerischen Jazz-Weekend. Die seltsame Form des Platzes

Der mittelalterliche Haidplatz

lässt sich zurückführen auf eine Weggabelung zweier römischer Verkehrswege, die hier von der westlichen Zivilsiedlung des angrenzenden Militärlagers umgeben wurde.

Das Goldene Kreuz befindet sich an der Nordwestecke des Platzes und galt lange Zeit als beste Herberge der Stadt. Ob Kaiserin Elisabeth von Österreich oder Kaiser Karl V., alle fanden hier eine Unterkunft. Letzterer fand allerdings wohl noch ein wenig mehr, denn hier soll sich seine Affäre mit der schönen Barbara Blomberg zugetragen haben.

Nach Osten wird der Haidplatz durch die Neue Waag begrenzt, den Aufbewahrungsort der offiziellen Stadtwaage Regensburgs ab 1441. Außerdem gab es hier eine Herrentrinkstube, in der die Regensburger Stadträte nach getaner Arbeit bei einem Bier entspannen konnten. Man kann davon ausgehen, dass hier an einem durchzechten Abend mehr Beschlüsse getätigt und Gesetze entworfen wurden als im Rathaus nebenan.

Die Trinkstube existiert heute nicht mehr, aber der Rest des Platzes ist fest in den Händen der Regensburger Gastronomen, und die Freisitze laden im Sommer dazu ein, zu sehen und gesehen zu werden.

Rechts neben der Neuen Waag führt der Rundgang weiter in die Gasse Vor der Grieb, an deren Ende man am Haus auf der linken Seite einen ungewöhnlichen Wandschmuck entdecken kann: einen alten jüdischen Grabstein. Seine Spur führt zurück ins 16. Jahrhundert. Die auf Luxusgüter spezialisierten Regensburger Händler waren in eine tiefe finanzielle Krise geraten, da sich Luxus nur noch wenige Bürger im Reich leisten konnten. Nachdem die Händler selbst ihre wirtschaftlichen Fehlplanungen nicht einsahen, machten sie auf der Suche nach einem Sündenbock die jüdische Gemeinde für ihre Lage verantwortlich. Durch üble Nachreden und frei erfundene Geschichten von versuchten Brunnenvergiftungen, Kindsmorden etc. wiegelte man die Bürger so sehr gegen die Juden auf, dass sie diese am 21. Februar 1519 im tiefsten Winter aus der Stadt jagten. Die Bürger plünderten daraufhin das jüdische Viertel und selbst der Friedhof der Gemeinde wurde geschändet. Und so mancher Regensburger nahm sich einen Grabstein als Trophäe mit nach Hause, um an diesen Tag zu erinnern.

Weiter geht es geradeaus, vorbei an einer der wenigen öffentlichen Toiletten der Altstadt, in die Untere Bachgasse. Hier floss bis ins 19. Jahrhundert oberirdisch der Hauptarm des Vitusbachs. Wenn man bedenkt, dass die erste funktionsfähige Kanalisation der Stadt erst 100 Jahre später gebaut wurde, handelte es sich bei diesem Bach wohl kaum um Trinkwasser. Trotzdem trug Kaiser Ferdinand II. stets ein Fläschchen Vitusbachwasser als Medizin gegen Magenverstimmungen bei sich. Ob das Wasser half oder der eigentliche Grund der Verstimmungen war, ist fraglich.

Der Goldene Turm, höchster Hausturm nördlich der Alpen

Folgen Sie dem Verlauf der Gasse nach rechts bis zu einem schmiedeeisernen Tor auf der linken Seite. Hier führt ein Durchgang in den Innenhof des Goldenen Turms. Bei dieser vierflügeligen Anlage mit dem fast 50 Meter hohen Turm handelt es sich um eine typische Patrizierburg aus dem 13. Jahrhundert. Das heutige

Studentenwohnheim diente ursprünglich nur einer einzigen reichen Kaufmannsfamilie als Wohnstatt und liefert so ein eindrucksvolles Beispiel dafür, was es im mittelalterlichen Regensburg bedeutete, „reich“ zu sein.

Einen wirklichen Zweck erfüllten die Türme der Handelshäuser meist nicht: Sie dienten vornehmlich als reine Repräsentationsobjekte, um Reisenden und Nachbarn zu zeigen, wie wohlhabend man war.

Von den ursprünglich über 60 Türmen Regensburgs sind heute nur noch wenige erhalten. Dies liegt einerseits an der damals

Kram- und Tändlergasse, das alte Handelsviertel

noch mangelnden Statik, die die Bauwerke zu Fall brachte. Außerdem wurde gerade im späten Mittelalter die Breite wichtiger als die Höhe. Und so verliehen viele Händler ihren Häusern eher durch die Erweiterung auf zugekauften Nachbargrundstücken ein trutziges Aussehen. Türme spielten zu dieser Zeit nur noch eine untergeordnete Rolle.

Auch die Wahlenstraße, die man durch den zweiten Ausgang des Innenhofs erreicht, zeigt noch einmal eindrücklich den Repräsentationsdrang der reichen Kaufleute: Je breiter die Straße, desto wohlhabender die Anwohner.

Doch Reichtum und Armut lagen gerade im Mittelalter oft nah beieinander. Biegt man am nördlichen Ende der Straße nach rechts in die Kramgasse ab, so kommt man direkt in das ehemalige Kleinhandelsviertel.

Heute gehören die Kram- und Tändlergasse zu den idyllischsten Straßenzügen Regensburgs, aber ohne Pflasterung sowie eine funktionierende Kanalisation kann man sich gut vorstellen, wie die einfachen Menschen im Mittelalter hier hausten. Der täglich anfallende Müll wurde oft einfach aus dem Fenster geworfen, und auch die vie-

Der Regensburger Dom, das gotische Wahrzeichen der Stadt

len Aborterker, die zum größten Teil auf die zwischen den Häusern liegenden Feuergäßchen gerichtet waren, trugen nicht unbedingt zu den hygienischen Verhältnissen auf der Straße bei.

Das Fehlen der Straßenbeleuchtung, die erst ab 1782 vereinzelt an öffentlichen Einrichtungen angebracht wurde, verstärkte noch das Bild des „dunklen Mittelalters".

Kein Wunder also, dass sich Barbara Blomberg auf die Liaison mit Karl V. einließ. Sie stammte aus diesen eher ärmlichen Verhältnissen und mag sich ein besseres Leben durch ihn erhofft haben. Ihr Geburtshaus befindet sich direkt an der Kreuzung der Kram- und Tändlergasse. Eine Gedenktafel erinnert an dieser Stelle an ihren Sohn, Don Juan d'Austria, sowie an die Schlacht von Lepanto.

Am Ende der Gasse wird man sogleich gefangen genommen von der gewaltigen Westfassade des gotischen Domes St. Peter, dem unumstrittenen Hauptwerk der Gotik in Bayern. Der Baubeginn unter Bischof Leo dem Thundorfer wird auf das Jahr 1273 geschätzt. Schon drei Jahre später kam es zur Altarweihe, bis die dreischiffige Basilika vollendet wurde, sollten allerdings noch einmal 250 Jahre vergehen.

Nach einer grundlegenden Sanierung ist das Prunkstück der Westfassade ohne Zweifel das Hauptportal. Die großen Freitreppen führen zu einer reich verzierten Triangel-Vorhalle, deren Reliefs vielfältige Szenen aus dem Leben Marias und Jesu zeigen. Petrus als Papst ist ebenfalls vertreten, flankiert von Aposteln, Erzdiakonen und Propheten.

Die finanzielle Lage zwang die Stadt 1525 zu einem Baustopp. Erst im 19. Jahrhundert wurden auf Initiative König Ludwigs I. von Bayern die Turmhelme, der Querhausgiebel sowie der Dachreiter hinzugefügt und der Bau dadurch abgeschlossen.

Der Freistaat Bayern unterhält auch heute noch eine aktive Dombauhütte. Da die im Mittelalter verwendeten Baumaterialien, Kelheimer Kalkstein und Bad Abbacher Grünsandstein, sehr leicht zu Verwitterung neigen und durch die heutige Umweltverschmutzung angegriffen werden, ist eine ständige Sanierung des Domes unumgänglich.

Im Gegensatz zu den meisten anderen gotischen Kathedralen besitzt der Regensburger Dom eine durchgehende farbige Verglasung, die fast ausschließlich noch aus dem 14. Jahrhundert stammt. Die prächtigen Fenster bescheinen fünf Ziborienaltäre, reich verzierte gotische Baldachinaltäre aus dem Spätmittelalter, die ursprünglich frei im Raum standen, sowie den klassizistischen Hochaltar aus dem 18. Jahrhundert.

Im Dom selbst werden regelmäßig Führungen angeboten, die neben der Basilika auch den Domkreuzgang und die Allerheiligenkapelle besichtigen. Das Domschatzmuseum bietet weitere Einblicke in Geschichte und Kunstgeschichte der Kirche.

DOMSCHATZMUSEUM
Krauterermarkt 3 · 93047 Regensburg · Tel.: 0941-5971662
Öffnungszeiten: Mo. – Sa. 11-17 Uhr, So. und Feiertage 12 – 17 Uhr; geschlossen 24./25.12., 1.1.
Eintritt: 3 € · 1,50 € ermäßigt · Kinder und Jugendliche frei

Nördlich des Doms schließt sich die vierflügelige Anlage des Bischofshofs an, der nicht nur den Bischöfen bis zur Säkularisierung im 19. Jahrhundert als Residenz und Repräsentationsobjekt diente, sondern auch regelmäßig als Kaiserherberge genutzt wurde.

Der Bischofshof

Eine besondere Kuriosität stellt der Gänsebrunnen dar, der sich seit 1980 in der Mitte des Biergartens befindet. Er wird geschmückt von der Statue eines Priesters, der einer Schar Gänse predigt. Blickt man dem Priester über die Schulter, so wird schnell klar, um wen es sich hierbei wirklich handelt: Es ist der Fuchs, der getreu den alten Äsop-Fabeln des 6. Jahrhunderts den Gänsen so lange predigt, bis sie einschlafen und er sie fressen kann. Das Wasser des Brunnens kann bei Bedarf durch Bier ersetzt werden, das in der Vergangenheit schon mehrfach für einen guten Zweck verkauft wurde.

Im hinteren Teil des Hofs kann man einen Blick auf den Eselsturm werfen, der als Überrest der Vorgängerkathedrale des Doms nach einem Brand 1273 stehen blieb. Er wurde während des Baus der neuen Kirche dazu genutzt, die Steine für die Baustelle mit Hilfe eines Krans, des sogenannten „Asinus" (lateinisch für „Esel") nach oben zu transportieren.

Die Porta Praetoria, römisches Nordtor

Gegenüber dem Turm führt eine Treppe direkt zu dem ältesten Bauwerk der Stadt und dem größten erhaltenen antiken Baudenkmal Süddeutschlands, der Porta Praetoria.

Die Toranlage war für die Römer ein strategisch äußerst wichtiger Punkt, da sie dem feindlichen Germanien nördlich der Donau zugewandt war. Ursprünglich besaß das Tor zwei Durchgänge, von denen einer heute vermauert ist. Ob es sich dabei um eine Sicherheitsmaßnahme der Römer handelte, ist bisher nicht erwiesen. Die Porta Praetoria ist neben der Porta Nigra in Trier der einzige römische Hochbau nördlich der Alpen.

Folgen Sie nun der Gasse Unter den Schwibbögen nach Westen und biegen Sie dann in die Weiße-Hahnen-Gasse ab, die Sie hinunter zur Donau führt.

Um den wirtschaftlichen Aufschwung der Stadt zu fördern, wurde im Sommer des Jahres 1135 an dieser Stelle mit dem Bau der Steinernen Brücke begonnen. Nach nur elf Jahren Bauzeit überspannte sie auf 330 Metern und 16 Brückenbogen die Donau und wurde durch ihre Eigenschaft als einziger fester Donauübergang zwischen Ulm und Wien zu einem wichtigen Verkehrsknotenpunkt im gesamten Reich. Drei wehrhafte Wachtürme sorgten für die Sicherheit des Bauwerks, auf den Pfeilerinseln waren zahlreiche Mühlen angesiedelt, und kleine Kapellen boten den Reisenden Möglichkeiten zur Besinnung.

BRÜCKTURM-MUSEUM
Weiße-Lamm-Gasse 1 · 93047 Regensburg · Tel.: 0941-5075888
Öffnungszeiten: April bis Oktober täglich 10 – 19 Uhr
Führungen nach Vereinbarung
Eintritt: 2 € · 1,50 € ermäßigt · 4 € Familien

Von all dem ist nur noch der südliche Brückturm geblieben, der im 16. Jahrhundert als Schuldturm der Stadt genutzt wurde. Hier besteht die Möglichkeit der Turmbesteigung, um Brücke und Stadt auch einmal von oben besichtigen zu können.

Die kurze Entstehungszeit der Steinernen Brücke erklärt bis heute eine Sage, die von vielen Stadtführern als die wichtigste Geschichte angesehen wird, die man in Regensburg gehört haben muss: Sie handelt von einer Wette zwischen den Baumeistern der Brücke und des Doms, wer sein Bauwerk zuerst fertig stelle. Da der Dombau offensichtlich unter der Schirmherrschaft Gottes stand und der Brückenbau durch Hochwasser und Eis immer wieder behindert wurde, suchte der Brückenbaumeister Hilfe beim Teufel persönlich. Dieser vollendete die Brücke in kürzester Zeit, und der Bauherr gewann

Die Steinerne Brücke, das „Achte Weltwunder"

die Wette. Am Tag der Eröffnung jedoch forderte der Teufel seinen Tribut: Er wollte die ersten drei Seelen, die über die Brücke gingen. Nachdem dies neben dem Bischof der Stadt und dem Herzog von Bayern auch den Brückenbaumeister selbst getroffen hätte, jagte dieser kurzerhand einen Hund und zwei Hähne über die Brücke, bevor sie irgendjemand betreten konnte. Die Bauzeit von nur elf Jahren ist auch in der Hinsicht erstaunlich, dass die seit langem fällige Sanierung der Brücke, die 2018 endlich abgeschlossen werden konnte, immerhin acht Jahre gedauert hat. Und ganz nebenbei: falls Sie auf der Brücke einem der alteingesessenen Regensburger begegnen, die lauthals dem „authentischen" Kopfsteinpflaster nachtrauern, das die Brücke nun nicht mehr schmückt, denken Sie sich nichts. Dieser Bodenbelag stammte aus den 60er Jahren und konnte deswegen nicht wirklich als historisch bezeichnet werden …

Der Teufel musste sich notgedrungen mit den Tierseelen zufriedengeben. Voll Wut schleuderte er die drei Tiere in die Gassen der Stadt und fuhr selbst hinab in die Donau. Wo die Tiere aufkamen, findet man heute die Rote- und die Weiße-Hahnen-Gasse sowie die „Hundsumkehr". An der Brücke aber bildeten sich die Strudel, die heute noch zu sehen sind.

Mitten auf der Steinernen Brücke wollen wir diesen Rundgang beenden, direkt am Bruckmandl, einem weiteren Wahrzeichen der Stadt. Die kleine Statue hat schon viele Interpretationen über sich ergehen lassen müssen. Mal wird sie als Symbol für die Freiheitsrechte Regensburgs angesehen, mal stellt sie den Brückenbaumeister dar, der nach gewonnener Wette spöttisch zum Dom hinüberblickt. Welche von ihnen wahr ist, wird man wohl nicht herausfinden können. Fest steht aber, dass das Bruckmandl auf der Mitte der Brücke den besten Platz hat, um ein wunderbares Panorama der Altstadt zu genießen.

Das Bruckmandl

Rund um den Dom – Das kirchliche Regensburg

Rund um den Dom – Das kirchliche Regensburg

Das Christentum spielte nicht erst seit der Berufung Kardinal Ratzingers auf den Stuhl des Papstes eine zentrale Rolle in Regensburg. Die ersten Kirchen sind in der Stadt schon für das 7. Jahrhundert nachgewiesen, das erste christliche Begräbnis dürfte schon zu Römerzeiten stattgefunden haben. Und je größer die Macht Regensburgs im Mittelalter wurde, desto mehr wuchs auch der Einfluss der Kirche. Zahlreiche Klöster siedelten sich an, die Angst vor dem Jenseits trieb reiche Fernhändler zu immer größeren Stiftungen, und die Hoffnung auf ein besseres Leben ließ die Kleinbürger trotz Krieg, Hungersnöten und Pest in ihrem Glauben immer weiter erstarken.

Ab 1542 nahm Regensburg als Ort beider Konfessionen im Reich eine Sonderstellung ein. Sie entwickelte sich zum sicheren Hafen für

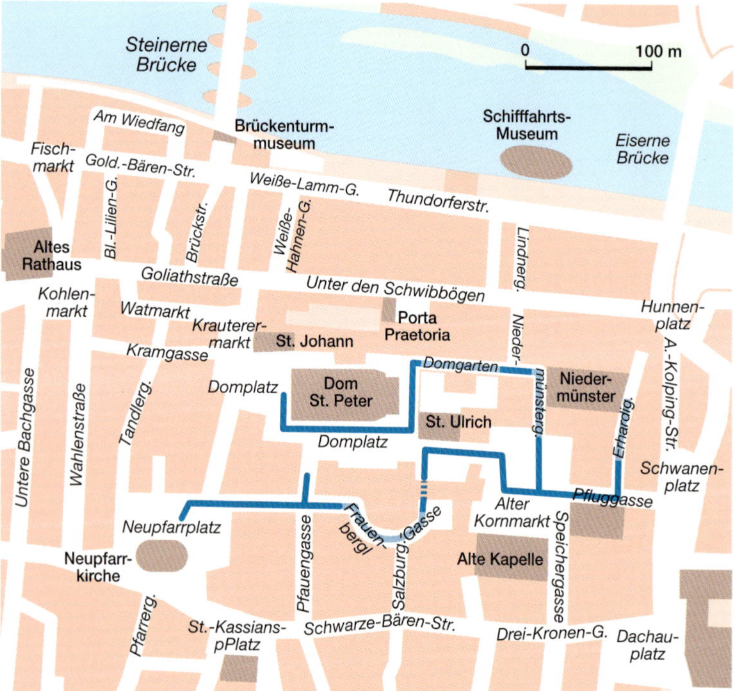

die Exulanten, wohlhabende protestantische Bürger aus Bayern, die sich nicht wieder die katholische Religion aufzwingen lassen wollten. Sie fanden in Regensburg eine neue Heimat und füllten der Stadt in einer finanziellen Krisenzeit die Kassen.

Rund 130 Kirchen und Kapellen gibt es heute in Regensburg, die meisten noch im Gebrauch, manche profaniert.

Der Rundgang gibt einen Überblick über einige der wichtigsten und interessantesten Gotteshäuser, die sich in unmittelbarer Nähe des Doms befinden.

Länge: 1 km
Strecke: größtenteils eben
Anfahrt: Altstadtbus, Haltestelle Domplatz

Ausgangspunkt ist die Westseite des Domplatzes, im Schatten der gewaltigen Fassade der Kathedrale. Der sogenannte Petersplatz sorgte im 16. Jahrhundert regelmäßig für Streitereien zwischen dem Stadtrat und der Kirche über die Besitzrechte. Nach jahrzehntelan-

Der Domplatz, ein heiß umkämpftes Pflaster

gem Zwist besetzte die Stadt den Platz, indem sie Markt- und Krämerbuden darauf errichten ließ, die teilweise bis ins 19. Jahrhundert dort standen.

Wendet man seinen Blick nach links, so sollte dort eigentlich keine Kirche stehen, zumindest nicht, wenn es nach dem Willen des Augustinerstifts gegangen wäre, das St. Johann im 13. Jahrhundert im Besitz hatte. Damals stand das Gotteshaus noch an der Stelle der heutigen Domtürme. Nachdem die ehemalige Taufkirche des romanischen Doms 1380 dem gotischen Neubau weichen musste, wurde sie versetzt und einige Meter weiter nördlich neu errichtet. Ihre Ausstattung geht auf eine grundlegende Erneuerung im 18. Jahrhundert zurück. Der heute wohl bedeutendste Schatz der Kirche ist das Tafelbild der „Schönen Maria" von Albrecht Altdorfer.

Ludwig I. blickt auf seinen Dom

Gegenüber der Südseite des Doms fällt auf den ersten Blick die Neue Post auf. Sie entstand 1895/96, nachdem zuvor die alte Post, der Salzburger Hof, sowie der Dompfarrhof abgerissen worden waren. Die alte Domstraße konnte so zum Domplatz verbreitert werden.

Auf Geheiß König Ludwigs I. von Bayern wurden die Spitzen der Domtürme aufgesetzt und die Kathedrale damit vollendet; er führte zudem in den 30er Jahren des 19. Jahrhunderts eine umfassende Regotisierung des Doms durch, wodurch dieser weitgehend vom barocken Einfluss gesäubert und wieder in einen ursprünglicheren Zustand zurückversetzt wurde.

Das Reiterstandbild Ludwigs, das heute wieder an seinem ursprünglich gewählten Platz von 1902 vor dem Dom steht, wurde 1936 von den Nationalsozialisten in die Bahnhofsallee verbannt. Erst 2010 wurde es in einem feierlichen Akt wieder an diese Stelle gebracht.

Den Abschluss des Domplatzes im Osten bildet die frühgotische Kirche St. Ulrich. Der Bau der fünfschiffigen, wehrhaft erscheinenden Basilika dürfte ab 1225 als Pfalzkirche von Ludwig dem Kelheimer begonnen worden sein. Nach der Entmachtung des Herzogs ging das Gebäude in den Besitz der Kirche über, die St. Ulrich nach einigen Umbauten zu einer Pfarrkirche umfunktionierte. Das während der Säkularisierung profanierte Gotteshaus dient dem Diözesanmuseum als Ausstellungsraum.

MUSEUM ST. ULRICH · Domplatz 2 · 93047 Regensburg,
Tel.: 0941-5971662 · Wiedereröffnung voraussichtlich 2021

Linker Hand beginnt hier der Domgarten. An seine ehemalige Nutzung als Friedhof erinnert nur noch die sogenannte Ewig-Licht-Säule, die 1341 hier errichtet wurde, um den Toten ein letztes Geleit zu geben. Heute beherbergt der Garten die Dombauhütte Regensburgs. Sie wird von vielen Bürgern als der sicherste Arbeitgeber der Stadt bezeichnet, denn der Dom bleibt durch die Sanierungsarbeiten eine ewige Baustelle.

Schon im Mittelalter waren Dombauhütten begehrte Arbeitgeber. Zwar waren die Steinmetze ohne Zweifel die wichtigsten Handwerker auf der Baustelle, aber auch Zimmerer, Glasbläser, Schmiede und viele andere Berufsgruppen beteiligten sich am Kirchbau. Die Bezahlung war gut, und auch für das Seelenheil war gesorgt, denn die Arbeit an einer Kathedrale galt als Eintrittskarte in das Himmelreich. Deswegen war es auch durchaus üblich für einen gläubigen Christen, sich wenigstens einmal im Leben für eine gewisse Zeit dem Dombaumeister und seinen Handwerkern zur Verfügung zu stellen. Ob die Massen ungelernter Arbeitskräfte den Dombau allerdings unterstützten oder durch ihre Unkenntnis nur verlangsamten, sei dahingestellt.

Die reichen Kaufleute der Stadt wollten sich durch finanzielle Unterstützung einen Platz im Himmel sichern. So lässt sich zum Beispiel das Wappen eines dieser Geldgeber, der reichen Familie Zant, auch heute noch an der Ostseite des Doms erkennen.

Vorbei am Kreuzgang geht es durch den Domgarten weiter zum Niedermünster. Eine Pfalzkapelle ist an dieser Stelle schon für das 8. Jahrhundert nachgewiesen, als hier der heilige Wanderbischof Erhard bestattet wurde. Die jetzige Niedermünsterkirche, eine hochromanische dreischiffige Pfeilerbasilika, stammt aus dem 12. Jahrhundert, wurde jedoch im 17. und 18. Jahrhundert barockisiert.

Bis 1810 diente das Niedermünster als adeliges Damenstift, eine durchaus nützliche Einrichtung in Regensburg. Während man auf der Suche nach einem passenden Ehemann war, konnte der Oberpfälzer Landadel hier unverheiratete Töchter unterbringen, sofern diese die strengen Aufnahmekriterien erfüllten. Außerdem musste dem Stift eine anständige Mitgift – bevorzugt Landbesitz – übereignet werden, die für die Dauer des Aufenthalts in den Besitz des Niedermünsters überging. Die Äbtissin des Stifts genoss zudem den Stand einer Reichsfürstin und hatte so z.B. auch Stimmrecht am Immerwährenden Reichstag.

Das ehemalige Damenstift Niedermünster

Im Untergeschoss der Kirche fand man bei Grabungen in den 60er Jahren nicht nur Teile der drei Vorgängerbauten, sondern auch Überreste römischer Soldatenunterkünfte. Seit Abschluss der Ausgrabungen sind die Funde im Rahmen einer Führung durch das „document niedermünster“ auch der Öffentlichkeit zugänglich.

DOCUMENT NIEDERMÜNSTER
Domplatz 5 · 93047 Regensburg · Tel.: 0941-5971660
Führungstermine: So., Mo. und Feiertag 14.30 Uhr
Eintritt: 6 € · 4 € ermäßigt · Kinder und Jugendliche unter 16 Jahren frei

Direkt an die Niedermünsterkirche schließt sich in Richtung Donau das Bischöfliche Palais an. Nach der Säkularisation der kirchlichen Besitztümer im 19. Jahrhundert überließ der Staat das ehemalige Hauptgebäude des Damenstifts dem Bistum als Residenz und Ordinariat.

Weiter geht es auf den Alten Kornmarkt. Der Platz, dessen Name auf den Getreidemarkt der Stadt zurückgeht, war seit jeher eines der Machtzentren Regensburgs. Schon zur Römerzeit befanden sich hier die Quartiere des Lagerkommandanten Castra Reginas. Auch die Herzogspfalz der Bajuwaren, die das Lager nach Abzug der Römer

Der Herzogshof am Alten Kornmarkt

übernahmen, wurde hier errichtet. Den heutigen Herzogshof nutzte aber erst Ludwig der Kelheimer im 12. Jahrhundert als Regierungssitz. Ein kurzes Vergnügen, wenn man bedenkt, dass die Herrschaft der Bayern in Regensburg im Jahr 1245 gänzlich endete und der Herzog genötigt wurde, die Stadt zu verlassen. Der Hof und ein Großteil des zugehörigen Platzes blieben allerdings weiterhin im Besitz der Bayern, was im weiteren Verlauf der Geschichte immer wieder zu Komplikationen führte. So pflanzte z.B. im 18. Jahrhundert ein französischer Abgesandter aus Dank für die Gastfreundschaft Regensburgs der Stadt eine Baumallee, leider jedoch auf dem Gebiet der Bayern. Der Herzog befahl daraufhin die Beseitigung der Bäume und ließ sie im darauf folgenden Jahr durch „eigene", bayerische Bäume ersetzen.

Neben dem Herzogshof schließt der Platz auf der Südseite an die Alte Kapelle an, ein Prunkstück der Regensburger Kirchengeschichte. Ihr Ursprung im 9. Jahrhundert als Pfalzkapelle macht sie zu einer der ältesten Kirchen Regensburgs.

Der imposante Bau der alten Kapelle

Das Gotteshaus weist weder innen noch außen einen einheitlichen Baustil auf: Es wurde sowohl im 11. als auch im 12. Jahrhundert erneuert, und der spätgotische Chor wurde um 1462 angefügt. Das Innere wurde im 18. Jahrhundert im Stil des Rokoko überformt und bietet durch die reiche Bildersprache und das verwendete Gold einen pompösen Anblick.

In der Gnadenkapelle wird die byzantinische Marienikone aufbewahrt, die, angeblich vom heiligen Lukas selbst gefertigt, Regensburg von Kaiser Heinrich II. geschenkt wurde. Allerdings wurde das Gnadenbild erst 200 Jahre nach Heinrichs Tod gemalt, weswegen man heutzutage davon ausgeht, das Bild sei nur der Schmuck eines Reliquienschreins gewesen, in dem Heinrichs Geschenk aufbewahrt wurde.

Ein weiterer Blickfang auf dem Alten Kornmarkt ist die barocke Karmelitenkirche sowie das anschließende Karmelitenkloster aus dem 17. Jahrhundert. Sehenswert sind hier vor allem die Altäre, die Ludwig I. im Zuge der Regotisierung des Doms aus der Kathedrale entfernen und hierher versetzen ließ.

Auch religiöse „Open-Air"-Veranstaltungen fanden am Alten Kornmarkt statt, zum Beispiel wenn Wanderprediger in die Stadt kamen. Der Franziskaner Johannes von Capistrano, der 1452 nach Regensburg kam, predigte hier vor mehreren tausend Gläubigen gegen die Laster der Zeit. Mit Erfolg: In einem großen Fegefeuer verbrannten die Regensburger Bürger Spielkarten, Würfel und Brettspiele in Massen, und das Spielen in Wirtshäusern wurde für ein Jahr untersagt.

Interessieren Sie sich für die Lebensumstände eines Wanderbischofs im 8. Jahrhundert? In diesem Fall lohnt sich ein Abstecher über die Pfluggasse in die Erhardigasse. Hier liegt die kleine Erhardikapelle, die dem heiligen Erhard als Wohnstätte gedient hat. Auf etwas Komfort wollte allerdings auch der Bischof nicht verzichten: Vor der Kapelle finden Sie die Überreste eines Brunnens, den Erhard mit eigenen Händen gegraben haben soll.

Begeben Sie sich zurück auf den Domplatz und von dort durch einen kleinen Durchgang zwischen Herzogshof und Dompost zum

Die Karmelitenkirche

sogenannten Frauenbergl, dessen Name auf eine Marienskulptur zurückzuführen ist, die hier im 15. Jahrhundert in einer kleinen Kapelle aufgestellt war. Heute ist die Bebauung des idyllischen Platzes vor allem geprägt durch die profanierte Dorotheenkapelle aus dem 14. Jahrhundert sowie die rechts und links anschließenden Domherrenhöfe. Direkt gegenüber, neben dem ehemaligen Kanonikerhof auf der Ostseite des Platzes, befindet sich ein kleines, aber sehenswertes Andenken an die Antike: ein römischer Türstock, dessen Teile an dieser Stelle um 1900 ausgegraben wurden.

Ein weiteres sakrales Kleinod ist in der Pfauengasse zu finden. Die Mariä-Läng-Kapelle gehört zu den meistfrequentierten Andachtsstätten der Altstadt, ist von außen aber kaum zu erkennen. Lediglich ein Schild weist auf die Hauskapelle hin, die 1675 hier auf Wunsch des Domherren Albert Ernst Graf von Wartenberg entstand.

Entlang der unschönen Fassade der Galeria Kaufhof erreicht man den Neupfarrplatz. Die ursprüngliche Bebauung im 16. Jahrhun-

Das Frauenbergl, ein idyllischer Hinterhof

dert, die Gebäude der jüdischen Gemeinde, wurden entweder 1519 bei der Vertreibung der Juden aus Regensburg zerstört oder fielen der bloßen Unachtsamkeit der Bürger zum Opfer, die eigentlich nur Teile des Viertels abreißen wollten, durch die enge und verwinkelte Bauweise aber eine Kettenreaktion auslösten. Das gesamte Viertel lag daraufhin in kürzester Zeit in Schutt und Asche.

Von der Wallfahrtskathedrale zum evangelischen Gotteshaus: die Neupfarrkirche

Die angebliche Rettung eines beim Abbruch der Synagoge verunglückten Handwerkers durch Maria selbst zog eine Wallfahrt nach sich, deren Einnahmen so groß waren, dass die Kirche bald den Bau einer den Dom noch überragenden Kathedrale begann. Zum Leidwesen des Bistums kam die Wallfahrt jedoch bis 1525 fast vollständig zum Erliegen, und der Bau musste eingestellt werden. Als der Stadtrat und ein Großteil der Regensburger Bürger 1542 zum protestantischen Glauben übertraten, wurde das Gebäude umgewidmet und zur Neupfarrkirche, der ersten Kirche Regensburgs der „neuen Religion".

Bei umfassenden Ausgrabungen und Untersuchungen wurden unter dem Pflaster des Platzes zahlreiche Überreste der jüdischen Siedlung gefunden, die im Rahmen einer Führung durch das „document Neupfarrplatz" heute teilweise wieder zugänglich sind. Dabei ergibt sich ein sehr plastisches Bild, wie das Leben in der jüdischen Gemeinde Regensburgs im 16. Jahrhundert vor der Vertreibung ausgesehen haben muss.

DOCUMENT NEUPFARRPLATZ · Büro Management Museumsführungen
Keplerstr. 5 · 93047 Regensburg · Tel.: 0941-5073442
Führungen: Do. – Sa. 14.30 Uhr
Juli und August zusätzlich So. und Mo. 14.30 Uhr
Eintritt: 5,– € · 2,50 € ermäßigt · 10,– € Familien

500 Jahre nach der Vertreibung konnte übrigens endlich im Februar 2019 die neue Synagoge eröffnet werden. Der imposante Bau befindet sich „Am Brixener Hof 2" und steht auf dem Platz, an der auch der Vorgängerbau in der Reichspogromnacht am 9. November 1938 völlig zerstört wurde. An der Stelle der ursprünglichen Synagoge auf dem Neupfarrplatz befindet sich heute das Misrach-Denkmal des israelischen Künstlers Dani Karavan. 2005 wurde die Nachbildung des Grundrisses der Synagoge im Westen der Neupfarrkirche eröffnet und lädt seitdem gerade in den Sommermonaten zum Verweilen ein.

Stadtamhof –
Stadt in der Stadt

Stadtamhof – Stadt in der Stadt

Die Regensburger Altstadt wäre nicht komplett ohne ihr Gegenstück, das jenseits der Donau liegende Stadtamhof. Dieser Ansicht waren auch die Juroren der UNESCO, als sie das gesamte Ensemble rund um die Steinerne Brücke 2006 in das Welterbeprogramm aufnahmen.

Stadtamhof selbst wurde erst 1924 eingemeindet. Die Ansiedlung, die auf fast 1000 Jahre Geschichte zurückblicken kann, wuchs ursprünglich als bayerisches Dorf heran, unabhängig von der freien Reichsstadt Regensburg. Doch durch die Lage direkt vor den Toren der Fernhandelsmetropole konnte Stadtamhof natürlich immer wieder vom Reichtum des Nachbarn profitieren. Allerdings hatte die unmittelbare Nähe zu Regensburg auch negative Auswirkungen. Da die Steinerne Brücke, der Stolz der Stadt, als einziger fester Donauübergang ein strategisch wichtiges Bauwerk war, kam es immer wieder zu Kampfhandlungen verschiedenster Mächte, die versuchten

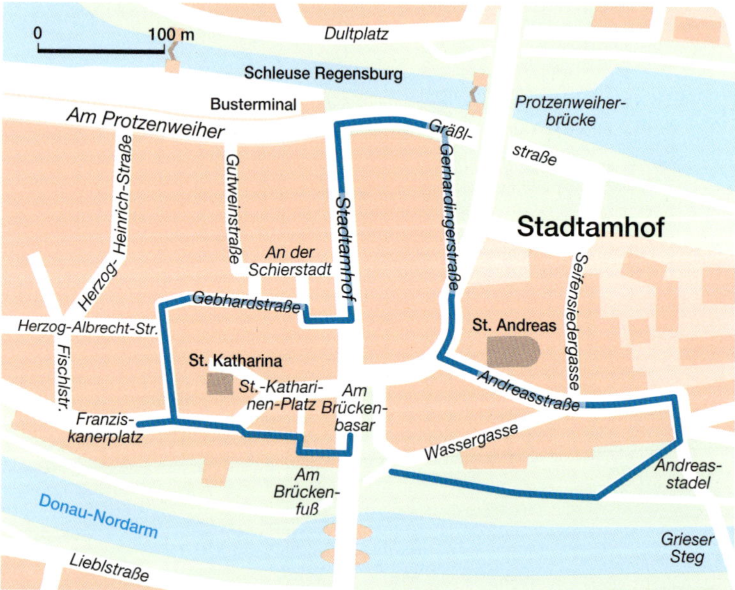

die Brücke unter ihre Kontrolle zu bringen. Und so wurde Stadtamhof sowohl beim Angriff der Schweden auf Regensburg im Dreißigjährigen Krieg als auch beim Einfall Napoleons 1809 fast vollständig zerstört.

Dass sich die Stadtamhofer durch diese schwerwiegenden Rückschläge in der Entwicklung ihrer Stadt nicht einschüchtern ließen, sieht man bei einer Wanderung durch das malerische Stadtviertel. Zwar ist nach den Zerstörungen von den mittelalterlichen Wurzeln fast nichts mehr geblieben, aber der eingeschworenen Bürgerschaft Stadtamhofs ist es gelungen, trotz aller Widrigkeiten ihrer „Stadt innerhalb der Stadt" einen ganz eigenen Charme zu bewahren.

Länge: 2 km
Strecke: eben, eine flache Treppe (kann umgangen werden)
Anfahrt: Linie 17, Haltestelle Stadtamhof

Von der Steinernen Brücke aus erreicht man direkt das Südende der Hauptstraße Stadtamhofs, den sogenannten Brückenbasar. Diese offene Anlage, der man ihre eigentliche Funktion als Tor nicht mehr anmerkt, wurde zu Beginn des 19. Jahrhunderts als Ersatz für die Befestigungsanlagen des Schwarzen Turms geschaffen, die das Nordende der Brücke gegen unbefugte Eindringlinge schützen sollten. 1809 ging der Turm beim Kampf Napoleons gegen die österreichischen Truppen in Flammen auf und musste abgerissen werden. Durch zahlreiche kleine Cafés und Restaurants ist der Brückenbasar heute ein beliebter Treffpunkt für Jung und Alt.

Die Hauptstraße von Stadtamhof

Kurz vor dem Tor führt ein schmaler Ableger direkt von der Brücke zum Katharinenspital. Das Armenkrankenhaus, das sich neben der Aufnahme von Pilgern und Reisenden mit der Zeit immer mehr der Pfle-

Abgang von der Brücke zum Katharinenspital

ge von Pfründnern verschrieb, genoss immer einen Sonderstatus in Stadtamhof. Trotz seiner Lage nördlich der Donau gehörte es nämlich nicht zu Bayern, sondern war Teil Regensburgs. Von Stadtamhof durch eine hohe Mauer getrennt, gab es nur einen Zugang von der Steinernen Brücke aus. Anfang des 13. Jahrhunderts ließ Bischof Konrad IV. das Spital aus hygienischen Gründen vom Domplatz an diese Stelle verlegen.

Durch die Kampfhandlungen von 1633 und 1809 wurde das Katharinenspital fast vollständig zerstört und musste wieder aufgebaut werden. Seit Mitte des 19. Jahrhunderts dient es ausschließlich als Alten- und Pflegeheim.

Aus dem Brauch, den Bewohnern des Spitals jeden Abend einen Schlaftrunk in Form von Bier zu reichen, hat sich die Spitalbrauerei entwickelt. Sie ist die letzte der ursprünglich 14 Brauereien Stadtamhofs, und ihre Erzeugnisse lassen sich besonders gut im Spitalgarten verköstigen, ein Gasthaus, das auf eine mittlerweile 750-jährige Tradition zurückblicken kann.

Durch einen Torbogen erreicht man den einzigen Teil des Spitals, der von den Zerstörungen der Kriege verschont blieb. Die sechseckige hochgotische Kirche von ca. 1230, die nach mehrfachem Patroziniumswechsel der heiligen Katharina geweiht wurde, wurde von der Regensburger Dombauhütte im Auftrag von Heinrich Zant erbaut, einem der reichsten Bürger und oberster Richter der Stadt. Er wollte sich durch die großzügige Stiftung an das Spital seines Seelenheils versichern. Seine Grablege, die sich vor dem Altar der später noch mehrfach überformten und ausgebauten Katharinenkirche befindet, gilt heute als die älteste Grablege eines Patriziers im deutschsprachigen Raum.

Westlich des Katharinenspitals siedelte sich im 17. Jahrhundert der Orden der Franziskaner an. Die Mönche waren im Zuge der Gegenreformation nach Regensburg gekommen, flüchteten jedoch aus der Stadt hierher nach Stadtamhof, als die evangelischen Truppen im Dreißigjährigen Krieg die Stadt einnahmen. Das auf dem gleichnamigen Franziskanerplatz gelegene Kloster wurde 1802 säkularisiert und diente im 19. Jahrhundert als „Eisenhaus", d.h. als Gefängnis für Strafgefangene, bis die Gebäude 1892 abgerissen wurden.

Die Spitalgasse, die vor dem Franziskanerplatz rechts abbiegt, gibt einen Eindruck von der wahren Größe des ursprünglichen Katharinenspitals, an dessen Westgrenze sie verläuft. Somit war die Gasse gleichzeitig auch die Grenze zwischen Regensburg und Stadtamhof. Über die Gebhardstraße gelangt man zurück zur Hauptstraße, die 1809 durch den Sturm Na-

Die lange Spitalgasse diente als Grenze zwischen Bayern und Regensburg

poleons besonders getroffen wurde. Um die Franzosen von der Nutzung der Steinernen Brücke bei der Verfolgung der österreichischen Truppen abzuhalten, wurde die Straße von der österreichischen Artillerie vom Dreifaltigkeitsberg aus in Brand geschossen.

Das Haus in der Mitte der Straße verdient besondere Aufmerksamkeit, denn die heutige Raiffeisenbank diente bis 1924 als Rathaus Stadtamhofs. Bemerkenswert auch das Wappen der Stadt über der Eingangstür: Die drei gekreuzten Schlüssel auf bayerischem Rautenmuster zeigen zum einen das Zugehörigkeitsgefühl zu Regensburg, das zwei gekreuzte Schlüssel in seinem Wappen aufweist. Der dritte Schlüssel weist zudem aber auch auf den vergeblichen Versuch der bayerischen Herzöge hin, Stadtamhof in Zeiten der Reichsfreiheit Regensburgs als überlegene Nachbarstadt darzustellen, ein Versuch, der schon allein aufgrund der unterschiedlichen Größenverhältnisse der beiden Städte gründlich misslang.

Das Stadtamhofer Wappen am Rathaus

Auf dem Weg die Hauptstraße entlang passiert man das Café Schierstadt. Als „Scierstadt" wurde das Landgut bezeichnet, das bereits 981 hier „im Bereich der Vorstadt" in einer Urkunde amtlich erwähnt wird. Sie gilt als ältestes Zeugnis der Existenz einer Siedlung an dieser Stelle und kann als Gründungsurkunde Stadtamhofs angesehen werden.

Das 1825 erbaute Pylonentor grenzt die Hauptstraße nach Norden hin vom sogenannten Protzenweiher und dem unschönen Busterminal ab. Hier

Das „Walhallabockerl“

findet sich allerdings auch eine sehenswerte Kuriosität: das sogenannte Walhallabockerl.

Seit 1889 verband eine Schmalspur-Dampfeisenbahn Stadtamhof mit der Walhalla, dem Nationaldenkmal im naheliegenden Donaustauf. Die Stadt erhoffte sich durch diese Anbindung einen wirtschaftlichen Vorteil durch einen regen Zustrom von Tagestouristen. In „nur“ einer Stunde beförderte das Walhallabockerl seine Passagiere zur knapp neun Kilometer entfernten Sehenswürdigkeit, aber auch Güter wie Holz oder Vieh.

Zu Beginn des 20. Jahrhunderts wurde die Strecke bis Wörth ausgeweitet, 1960 aber aus Rentabilitätsgründen stillgelegt.

Seit 1976 steht das restaurierte Walhallabockerl als Denkmal in Stadtamhof.

Der Weg führt nun weiter in Richtung Osten, den Europakanal entlang, der es dem täglichen Schiffsverkehr ermöglicht, die Steinerne Brücke zu umgehen. Schräg gegenüber der Schleuse, auf der anderen Straßenseite, beginnt die Gerhardingerstraße.

Die Namensgeberin der Straße, die wohl berühmteste Stadtamhoferin, Carolina Gerhardinger, war Gründerin des „Ordens für

St. Mang

arme Schulschwestern", deren Niederlassungen heute weltweit zu finden sind. Nachdem sie 1985 seliggesprochen wurde, kam Gerhardinger 13 Jahre später noch zu einer weiteren Ehre: Ihre Büste fand als eine von derzeit nur elf Frauen Aufnahme in die Walhalla.

Am Ende der Gerhardingerstraße erhebt sich auf der linken Seite in der Andreasstraße die Kirche St. Mang. Bereits im 11. Jahrhundert wird an dieser Stelle eine Wegkapelle erwähnt. Die jetzige Kirche ging aus dem ehemaligen Augustinerstift „S.S. Andreas und Magnus" hervor, gegründet 1138/39. Die Kirche wurde im Dreißigjährigen Krieg zerstört und konnte lange Zeit aus Geldmangel nicht wieder aufgebaut werden. Erst die Regensburger Feiern zur hundertjährigen Einführung der Reformation brachten die Augustiner auf eine Idee: Als Reaktion auf die Protestanten ließen sie die Wallfahrt zur „Schönen Maria" wieder aufleben, die in Regensburg im frühen 16. Jahrhundert ins Leben gerufen worden war. Die Wallfahrt erfreute sich großer Beliebtheit und die spendenfreudigen Pilger ermöglichten es, 1697 den Grundstein für die heutige Kirche zu legen, die ganz im Stil des Rokoko und des Spätbarock gehalten ist.

Die Klostergebäude des Augustinerstifts jenseits der Kirche wurden nach der Säkularisation 1803 zuerst als Brauerei genutzt, später als Landratsamt. Nach einer ausführlichen Sanierung zog hier 1975 die Fachakademie für Katholische Kirchenmusik ein. In der Seifensiedergasse nebenan gingen im 19. Jahrhundert zwei Herren einem weit weniger religiösen Geschäft nach: Jakob und Alois Kuchenreuter stellten hier meisterhafte Büchsen und Pistolen her, die in aller Welt vor allem als Duellpistolen bei Hofe äußerst beliebt waren.

Nur wenige Schritte weiter lieferten sich Regensburg und Stadtamhof gegen Ende des 16. Jahrhundert eine andere Art Duell. Das Salzmonopol lag auf Seiten der freien Reichsstadt, und das damit verbundene Zollrecht auf den Handel mit Salz füllte der Stadt regelmäßig die Kassen. Um dieses Zollrecht umgehen zu können und ebenfalls vom Handel mit dem „weißen Gold" zu profitieren, ließ der bayerische Herzog Wilhelm V. bis 1597 neben einer Schiffsanlegestelle einen gewaltigen Stadel errichten, der bis 1812 als Salzmagazin genutzt wurde. Heute geht es im sogenannten Andreasstadel etwas bunter zu: Außer einem alternativen Hotelbetrieb hat hier vor allem die Kunst ihre Heimat gefunden. Neben einem Kino und einem kleinen Theater finden sich hier zahlreiche Ateliers freischaffender Künstler sowie eine private Kunstakademie.

Vom Andreasstadel aus geht es ebenso malerisch am Nordarm der Donau entlang zurück zur Steinernen Brücke.

Das „Walhallabockerl"

Wissenschaft in Regensburg – Erfinder, Forscher, Scharlatane

Wissenschaft in Regensburg – Erfinder, Forscher, Scharlatane

Vom römischen Grenzlager bis hin zum Sitz des Immerwährenden Reichstags: Regensburg hat sich in seiner Geschichte stetig weiterentwickelt. Lediglich auf den Titel einer Universitätsstadt mussten die Bürger bis 1962 verzichten, als auf dem Galgenberg der Grundstein zur vierten bayerischen Landesuniversität gelegt wurde. Mittlerweile hat sich das wissenschaftliche Potential vervielfacht: Durch eine Fachhochschule, zahlreiche Kliniken, den Bio-Park oder den IT-Speicher hat sich die Stadt zu einem Forschungsstandort entwickelt, der aus Bayern nicht mehr wegzudenken ist.

Dieser Rundgang soll einen kleinen Einblick in die Wissenschaft im Regensburg der vergangenen Jahrhunderte geben, von den mittelalterlichen Universalgelehrten bis hin zu den Forschern und Wissenschaftlern, die zur Zeit des Immerwährenden Reichstags hier auf

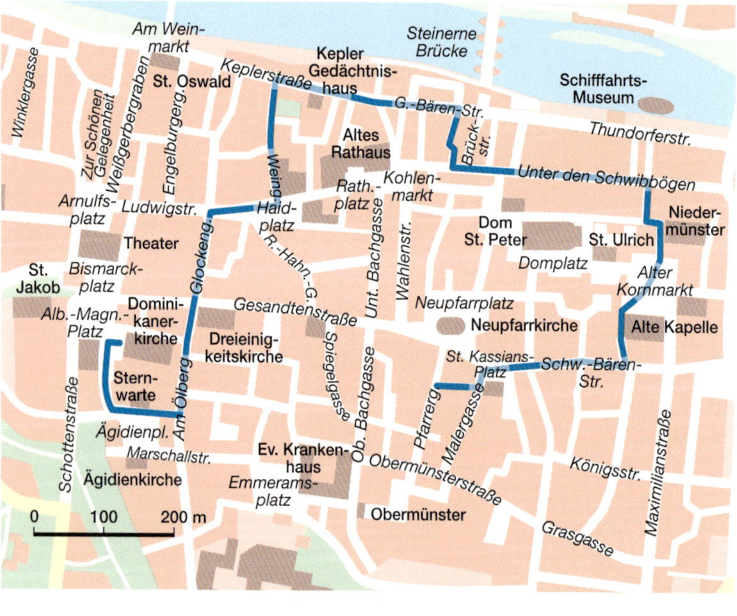

fürstliche Gönner und Geldgeber hofften. Startpunkt ist das Westportal der Dominikanerkirche am Albertus-Magnus-Platz.

Länge: 2,5 km
Strecke: eben
Anfahrt: Altstadtbus, Haltestelle Bismarckplatz

Der Bettelorden der Dominikaner, der sich zu Beginn des 13. Jahrhunderts in Regensburg niederließ, kann nicht unbedingt als Verfechter der Wissenschaft bezeichnet werden. Im Gegenteil: Als die heilige Inquisition im 13. Jahrhundert Jagd auf Häretiker und Andersgläubige machte und in diesem Zusammenhang auch mehr als ein Forscher wahlweise seinen Studien oder seinem Leben entsagen musste, waren die Dominikaner eine der führenden Kräfte auf Seiten der Verfolger.

Doch es gab auch in ihren Reihen Ausnahmen, die in der Lage waren, Glaube und Wissenschaft miteinander zu vereinen.

Der Universalgelehrte Albertus Magnus, ein Priester des Ordens, kam 1260 nach Regensburg, um als neuer Bischof die finanzielle

Albertus Magnus, der Inbegriff des Universalgelehrten

Die Regensburger Sternwarte

Lage und das zu jener Zeit fast vollkommen zerrüttete Ansehen des Bistums der Stadt zu retten.

Daneben widmete er sich aber auch weiterhin seinen vielseitigen Forschungen. Neben der Systematisierung der scholastischen Theologie soll Albert in seiner Experimentierstube auch einen sprechenden Automaten konstruiert haben, der bei seinem Schüler Thomas von Aquin allerdings nur auf Unverständnis stieß: Er zerstörte diese offensichtliche Nachahmung der Schöpfung, sobald sie ihm vorgeführt worden war.

Regensburg ehrte das Andenken von Albertus Magnus, der seit 1941 der offizielle Schutzpatron der Naturwissenschaftler ist, indem 1962 ein Gymnasium nach ihm benannt wurde.

Außerdem wird seit 1949 jährlich die Albertus-Magnus-Medaille an Wissenschaftler, Künstler oder Kulturträger verliehen, die sich um die Stadt verdient gemacht haben.

Durch den Beraiterweg gelangt man zum Ägidienplatz. Ab 1210 befand dieser sich ebenfalls fest in kirchlicher Hand, als Herzog Ludwig von Bayern den angrenzenden Grundbesitz im Süden des Platzes dem Deutschen Orden schenkte.

Ursprünglich entstanden aus einer Hospitalbruderschaft während des Dritten Kreuzzuges, hatten die Brüder des Ordens in Regensburg mit ganz anderen Problemen zu kämpfen. Jahrzehntelang mussten die Mönche bei der Stadt gegen die strengen Gerüche aus den offenen Aborten des angrenzenden Ballhauses protestieren, bis sich der Stadtrat erbarmte und Abdeckungen für die Örtchen anschaffen ließ.

Gegenüber auf der Nordseite des Platzes liegt die Regensburger Sternwarte. Sie wurde von 1902 bis 1905 an dieser Stelle auf den Überresten des alten Bräuhauses des Dominikanerklosters erbaut und 1920 der Allgemeinheit zugänglich gemacht. Die älteste Volkssternwarte Süddeutschlands ist auch heute noch in Betrieb und regelmäßig geöffnet.

STERNWARTE REGENSBURG
Ägidienplatz 2 · 93047 Regensburg · Tel.: 0941-562682
Öffnungszeiten: September – April: Fr. ab 20 Uhr · Mai – August: Fr. ab 21 Uhr · geschlossen an Feiertag und vom 1.6. – 15.7.
Achtung: Leider ist die Sternwarte nicht barrierefrei zugänglich
Eintritt frei

Über die Adlergasse und den angrenzenden „Ölberg" erreicht man die Gesandtenstraße. An der Stelle des heutigen Alumneums befand sich ab 1537 das Gymnasium Poeticum, die erste Schule Regensburgs, die keinem Kloster angegliedert war. Gegründet wurde sie von dem Dichter, Pädagogen und Astrologen Joseph Grünbeck. Inwieweit es sich bei ihm allerdings um einen Wissenschaftler handelte, ist fraglich. Seine astrologischen Weissagungen trafen nur selten ein, die von ihm geschriebenen Komödien wurden von den meisten Kritikern als „geistloses Zeug" abgetan, das

Das Alumneum, der Nachfolger des Gymnasium Poeticum

Von der Elefanten-Apotheke ist nur noch das Schild erhalten

„keinen Schuss Pulver wert ist", und seine Fachkenntnis auf dem Gebiet der Syphilis, über die er ein ausführliches Traktat verfasst hat, lässt sich wohl nur darauf zurückzuführen, dass er selbst an der Krankheit litt und so eigene Erfahrungen einbringen konnte.

Grünbecks vorgeschlagene Behandlungen gegen die „Lustkrankheit" halfen nicht, und auch am anderen Ende der Glockengasse konnte er sich damals keine Linderung verschaffen, denn die Elefanten-Apotheke eröffnete dort erst 1633. Das Angebot einer Apotheke in dieser Zeit unterscheidet sich etwas von der heutigen Produktpalette. Neben Gewürzen, Schokolade und exotischen Früchten erhielt man dort Schneckensaft, Blutegel oder pulverisierte Mumien. Auch „orientalische Fröhlichkeitspillen" oder das Theriak, ein altes Allheilmittel aus bis zu 70 Inhaltsstoffen, waren bei den Regensburgern beliebt.

1654 ertönte ein ohrenbetäubender Knall vom naheliegenden Haidplatz, als in einem groß angelegten Experiment 16 Pferde zwei Halbkugeln auseinanderrissen, die durch ein im Inneren erzeugtes Vakuum zusammengehalten worden waren. Otto von Guericke hatte auf Geheiß Kaiser Ferdinands III. hier zum ersten Mal seine von ihm erfundene Luftpumpe der Öffentlichkeit präsentiert. Die historischen Quellen machen keine genauen Angaben über die Natur

Hier wohnte Johannes Kepler …

… und hier starb er

des Experiments, es ist allerdings wahrscheinlich, dass Guericke die sogenannten Magdeburger Halbkugeln nutzte, um den Zuschauern die Wirkung des luftleeren Raums vorzuführen.

Durch die Weingasse gelangt man zur Keplerstraße. Hier befinden sich gleich zwei Häuser, in denen Johannes Kepler, der Entdecker der Gesetze der Planetenbewegungen, gewohnt hat. Das farbenprächtige Anwesen Keplerstraße 2 beherbergte ihn und seine Familie von 1626 bis 1628. Das Haus in der Keplerstraße 5, in dem er zwei Jahre später Unterschlupf fand, sollte er jedoch nicht mehr lebend verlassen: Er verstarb hier am 15. November 1630 und wurde auf dem Friedhof der Peterskirche beigesetzt. Seine Grabinschrift kann man heute noch in einem kleinen Park in der Nähe des Bahnhofs an der Albertstraße betrachten, das Grab selbst ging im Dreißigjährigen Krieg verloren. In Keplers Sterbehaus befindet sich heute ein Museum zu seinen Ehren.

KEPLER-GEDÄCHTNISHAUS
Keplerstraße 5 · 93047 Regensburg · Tel.: 0941-5073442
Öffnungszeiten: Sa. – So. und Feiertag 10.30 – 16 Uhr · geschlossen Neujahr, Faschingsdienstag, Karfreitag, 1.5., 1.11., 24./25./31.12.
Eintritt: 2,20 € · 1,10 € ermäßigt · 4,40 € Familien

Begibt man sich nun über den Fischmarkt weiter in Richtung Osten, so erreicht man nach kurzer Zeit das wenig einladend wirkende Posthorngäßchen. Kleine Gassen wie diese wurden von den Bürgern gerne als Kloaken genutzt. Durch die abfallende Lage zur Donau konnten Müll und Exkremente leichter vom Wasenmeister, dem Abdecker und Straßenreiniger der Stadt, in den Fluss entsorgt werden.

Die hygienischen Zustände Regensburgs im 16. Jahrhundert zeigt ein Beschluss des Stadtrats, der den Bürgern bei Strafe verbot, Harn, Blut, Aas, Menschenkot und alles andere, was Gestank macht, in die Straßen und Höfe der Stadt zu schütten. Stattdessen sollte man die Donau zur Entsorgung nutzen.

54-mal wüteten die Pest und andere todbringende Krankheiten in Regensburg und töteten einen Großteil der Bevölkerung. Erst als es gelang, 1880 die erste Kanalisation in der Stadt zu installieren, verbesserten sich auch die gesundheitlichen Zustände.

Von den schlechten hygienischen Zuständen in den Gassen der Stadt wollten die Gesandten des Reichstags im 18. Jahrhundert nichts hören. Stattdessen verlangte es sie nach Kurzweil und Unterhaltung, und geboten bekamen sie diese von dem im Haus Unter der Schwibbögen 7 geborenen Johann Nepomuk Mälzel. Der Sohn eines berühmten Orgelbauers machte bald durch seinen Erfindungsgeist von sich reden. Er konstruierte diverse mechanische Musikautomaten, die er gewinnbringend verkaufte und die selbst Kaiser Franz Josef I. von Österreich erfreuten. Berüchtigt war auch sein „Schachtürke", ein Schach spielender Automat, der sogar Napoleon persönlich im Spiel schlug. Zu Mälzels Glück kam erst 1836 heraus, dass der „Automat" im Inneren von einem Schachmeister aus Fleisch und Blut bedient wurde. Die Tat, die ihn auch noch heute gerade bei Musikern unvergessen macht, ist jedoch die Patentierung des Metronoms. Erfunden hat er den Taktgeber allerdings nicht, denn Mälzels Metronom war lediglich ein Plagiat der Maschi-

Ob Placidus Heinrich auch an seinem Sterbehaus einen Blitzableiter anbringen ließ?

ne Diederich Nikolaus Winkels, der Mälzel eine einfache Skala hinzufügte und sie ab sofort als seine Idee ausgab.

Johann Nepomuk Mälzel verstarb 1838 auf einem Schiff vor der Küste Venezuelas. Seine Überreste ruhen an einer schweren Eisenkugel auf dem Grund des Meeres.

Das Sterbehaus eines anderen für Regensburg bedeutenden Wissenschaftlers findet man eine Straßenecke weiter, in der Niedermünstergasse Nr. 6. Hier lebte in seinen letzten Jahren Pater Placidus Heinrich, Domkapitular und Meteorologe aus Leidenschaft. Seine Wetterbeobachtungen aus dem 19. Jahrhundert gelten als die ältesten Aufzeichnungen ihrer Art und füllen ganze 40 Bände. Sein wissenschaftlicher Durchbruch gelang ihm 1787 mit einer Abhandlung über die Wirkung von Kanonenschüssen auf Gewitterwolken. Ob ihm von seinem Versuchsort auf den Winzerer Höhen dabei unbeabsichtigt auch der Durchbruch der einen oder anderen Hausmauer gelang, ist nicht bekannt, doch zumindest trug er zum Schutz der Bevölkerung durch die Installation der ersten Blitzableiter Regensburgs bei.

Der Niedermünstergasse weiter folgend gelangt man zum Alten Kornmarkt. Die Mohren-Apotheke, eine der ältesten Apotheken Regensburgs, befand sich ab 1712 im Besitz von Johann Wilhelm Weinmann, der das Geschäft vor dem bevorstehenden Ruin rettete. Nebenbei verfasste Weinmann etliche reich bebilderte Pflanzenbestimmungsbücher, die auch heute noch als die Grundlage der modernen Pharmazie bezeichnet werden.

Für Schmerzen besonderer Art, die die moderne Medizin noch nicht heilen kann, bietet das Karmelitenkloster eine Lösung: An der Pforte wird von den Mönchen seit 300 Jahren der Regensburger Karmelitengeist verkauft, ein Branntwein, der nach Aussagen Betroffener sogar bei Liebeskummer helfen soll.

Durch die Kapellengasse geht es weiter in die Schwarze-Bären-Straße. Im sogenannten Ehrenfelser Hof (Hausnummer 2) lebte von 1348 bis 1374 der Verfasser des einflussreichsten Lehrbuchs zur Naturgeschichte im Mittelalter, der Domherr Konrad von Megenberg. Sein „Buch der Natur“ enthält neben Themen der Tier- und Pflanzenwelt auch mineralogische Abhandlungen, aber auch Beschreibungen von Drachen, Zyklopen oder Einhörnern sowie abergläubische Theorien über Blutregen und andere Naturbeobachtungen. Kein Wunder also, dass das Werk im 14. und 15. Jahrhundert eines der meistgelesenen Bücher überhaupt war.

Über den St.-Kassians-Platz und das Straußgäßchen erreicht man das Pfarrhaus der Neupfarrkirche und trifft auf einen Gelehrten des 18. Jahrhunderts, der mit seinen Schriften weit weniger Erfolg hatte als Konrad von Megenberg: Jakob Christian Schäffer. Als Superintendent der evangelischen Gemeinde Regensburgs lag seine eigentliche Aufgabe vor allem in der Ausbildung der neuen Geistlichen der Stadt, er betätigte sich allerdings lieber als Naturforscher. Schäffer gilt als Begründer der Pilzkunde, beschäftigte sich aber auch mit Elekrizität, Vögeln und Süßwasserpolypen, er entdeckte unbekannte Käferarten, erfand eine Waschmaschine und eine neue Art der Papierherstellung – und er schrieb. Bis zu seinem Lebensende verfasste er 70 Bücher zu diversen Themen, von einem Lesebuch für Kinder bis hin zu einem Traktat über „Die eingebildeten Würmer in Zähnen nebst dem vermeyntlichen Hülfsmittel wider diselben“.

Schäffers Werkstatt, Druckerei, Naturkundemuseum. Und Pfarrhaus, wenn Zeit blieb

Im Rahmen seiner Forschungen errichtete Schäffer in seinem Haus ein eigenes Naturalienkabinett, das im 18. Jahrhundert eine der Hauptsehenswürdigkeiten Regensburgs war. Selbst Goethe war von der Sammlung begeistert.

Die Pfarrergasse grenzt an den Neupfarrplatz, von wo aus man nach Westen durch die Gesandtenstraße zum Ausgangspunkt des Rundgangs zurückkommt.

Mit Glanz und Gloria – Höfisches Gesandtenleben in Regensburg

Mit Glanz und Gloria – Höfisches Gesandtenleben in Regensburg

Das Jahr 1663 markiert einen wichtigen Punkt in der Geschichte Regensburgs. Kaiser Leopold I. berief zu diesem Zeitpunkt die Führenden des Heiligen Römischen Reiches zu einem Treffen zusammen, um den Etat für die Verteidigung gegen das Osmanische Reich neu zu verhandeln. Dieser Reichstag wurde, wie seit 1594 üblich, in Regensburg abgehalten, da die Stadt durch ihren Status als freie Reichsstadt und das Vorhandensein beider Konfessionen als „neutraler Boden" ein ideales Verhandlungsumfeld bot.

Der Reichstag wurde wider Erwarten nicht nach ein paar Monaten wieder aufgelöst, sondern tagte in Regensburg bis zum Ende des Reiches 1806. Das Bild der Stadt, die noch immer unter dem wirtschaftlichen Niedergang des 16. Jahrhunderts litt, veränderte sich dadurch nachhaltig: Zahlreiche Gesandtschaften aus aller Welt ließen sich in Regensburg nieder und sorgten dafür, dass die Stadt zu-

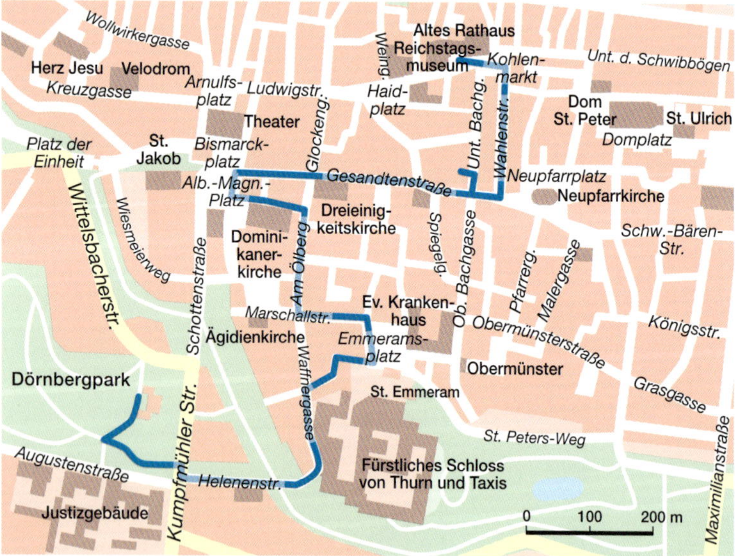

mindest für Außenstehende in einem neuen höfischen Glanz erstrahlte. 1748 kam zudem die Fürstenfamilie Thurn und Taxis nach Regensburg, um als Prinzipalkommissare den Vorsitz des „Immerwährenden Reichstags" und die Vertretung des Kaisers zu übernehmen.

Hinter der schönen Fassade bröckelte es allerdings: Die Gesandten genossen Steuerfreiheit und diplomatische Immunität, waren eher den regelmäßigen Feierlichkeiten zugetan als der politischen Arbeit, und Skandale erschütterten Stadt und Reich.

Der Rundgang gibt einen Einblick in das prachtvolle Leben der Gesandten in Regensburg. Er beginnt an ihrem eigentlichen Arbeitsplatz, dem Alten Rathaus, und endet im Westen der Altstadt, am Dörnbergpark.

Länge: 2 km
Strecke: eben
Anfahrt: Altstadtbus, Haltestelle Altes Rathaus

So fortschrittlich die Einrichtung des Immerwährenden Reichstags auch war, so ineffizient war sie, denn in den 143 Jahren, die hier im Alten Rathaus getagt wurde, wurden vergleichsweise wenige Beschlüsse gefasst. Zum einen mussten die Gesandten vor der Beratung eines Themas erst die Meinung ihrer vorgesetzten Fürsten einholen, was in Zeiten eingeschränkter Kommunikationsmöglichkeiten durchaus mehrere Wochen oder Monate dauern konnte.

Der Ausgang der folgenden Beratungen zwischen den rund 160 stimmberechtigten Teilnehmern – Kurfürsten, Fürsten und Reichsstädte – musste zudem einstimmig sein, bevor der Kaiser persönlich dem Ergebnis zustimmen konnte.

Da außerdem nur von November bis Mai getagt wurde, ist es nicht verwunderlich, dass sich die Menge der tatsächlichen Beschlüsse des Reichstags in Grenzen hielt.

Der Kaiser konnte nicht ständig in Regensburg weilen, und so wurde das Amt des Prinzipalkommissars eingeführt, der in seiner Vertretung den Vorsitz des Reichstags übernahm. Da dies jedoch

Der Reichssaal

mit kostspieligen Repräsentationspflichten verbunden war, konnten die meisten Inhaber den Posten oft nur kurzzeitig bekleiden. Erst als 1748 Alexander Ferdinand von Thurn und Taxis nach Regensburg kam und das Amt einnahm, kehrte Kontinuität ein. Durch den Aufbau des Postwesens im Reich konnte es sich die Familie im wahrsten Sinne des Wortes „aus der Portokasse" leisten, den Prinzipalkommissar zu stellen.

Wer nicht das Bürgerrecht besaß, durfte in der Stadt keinen Grund erwerben, und so mussten die Gesandten für die Dauer des Reichstags zur Miete wohnen. Dabei galt vor allem: Je repräsentativer die Gesandtschaft nach außen wirkte, desto besser. Begibt man sich über den Alten Kornmarkt in die Wahlenstraße und von dort aus auf den Neupfarrplatz, so findet man ein plakatives Beispiel für eine solche Gesandtschaft im Löschenkohlpalais.

Das Haus wurde 1733 für den Kaufmannsbankier Hieronymus Löschenkohl erbaut, der außer diesem Prachtbau noch ein Lustschlösschen in der heutigen Ostnerwacht besaß. Leider überforderte der Bau seiner beiden Residenzen den Geldbeutel Löschenkohls so sehr, dass er 1743 Konkurs anmeldete und außer Landes floh. Er ließ neben einer Reihe geprellter Gläubiger auch seine Frau und seine Kinder zurück, die nun die sprichwörtliche Suppe für ihn auslöffeln durften. Um die Schulden ihres Mannes zu tilgen, vermietete Frau Löschenkohl das Palais am Neupfarrplatz 1743 an die kursächsische Gesandtschaft, die hier bis zum Ende des Reichstags 1803 ihren Sitz hatte. Dieses Mietverhältnis stellt eine bemerkenswerte Ausnahme dar, da es bei vielen Gesandten durchaus üblich war, über die Sommermonate, in denen nicht getagt wurde, die Gesandtschaft in Regensburg aufzulösen, um sich die unnötigen Mietausgaben zu sparen. Zu Beginn der neuen Beratungsperiode suchte man sich dann neue Räumlichkeiten.

Das Löschenkohlpalais, Sitz der kursächsischen Gesandtschaft

Die „Lange Gasse", die direkt im Westen an den Neupfarrplatz anschließt, beherbergte viele dieser Gesandtschaften. Vor dem Betreten dieser Gasse, die passenderweise 1777 in Gesandtenstraße umbenannt wurde, ist es ratsam, einen kleinen Abstecher in die Untere Bachgasse 12 zu machen, den sogenannten Lerchenfelder Hof. Benannt wurde das Gebäude nach Philipp Nerius von Lerchenfeld, dem bayerischen Gesandten am Immerwährenden Reichstag. Sein Sohn Maximilian machte sich Ende des 18. Jahrhunderts einen Namen als Geliebter der Fürstin Therese Mathilde von Thurn und Taxis.

Ihre Ehe mit Karl Alexander, Prinzipalkommissar von 1797 bis zum Ende des Reichstags, verlief alles andere als glücklich, und so wendete sich das Paar „außerehelichen“ Aktivitäten zu. Während Karl Alexander seiner Vorliebe für die Jagd nachging, war Therese neben ihren amourösen Abenteuern mit Lerchenfeld auch kulturell und politisch höchst aktiv: In regelmäßig stattfindenden Künstlerkreisen förderte sie die Regensburger Kunstszene, und 1806 reiste sie in Begleitung ihres Liebhabers sogar nach Paris, um mit Napoleon erfolgreich über die während des Krieges verlorenen Postrechte der Thurn und Taxis zu verhandeln. Auch auf dem Wiener Kongress 1814 war sie zugegen, während ihr Mann durch Abwesenheit glänzte.

Die Liaison mit Lerchenfeld blieb nicht ohne Folgen: Sie gebar ihm mehrere uneheliche Kinder. Ob Maximilian auch der leibliche Vater von Maximilian Karl von Thurn und Taxis war, der die Führung des Hauses 1827 nach dem Tod Karl Alexanders übernahm, ist allerdings ungewiss.

Zurück in der Gesandtenstraße erreicht man nach kurzer Zeit linker Hand einen mächtigen Gebäudekomplex. Das Zanthaus aus

Das Zanthaus

dem 14. Jahrhundert gilt als das Stammhaus der Zant, einer der reichsten Familien Regensburgs im Mittelalter. 1771 ging das Haus in den Besitz der Thurn und Taxis über, die hier neben der Hofbibliothek und dem fürstlichen Archiv auch die „Kaiserlich Taxis'sche Postwagenexpedition" einrichteten.

Mit der Übernahme der Anlagen des säkularisierten Klosters St. Emmeram 1812 gab Karl Alexander die nun nicht mehr benötigten externen Räumlichkeiten im Zanthaus auf und verkaufte das Gebäude an die Brüder Bernard. Diese eröffneten hier wenig später eine Schnupftabakfabrik, die nach einer eingehenden Sanierung in Teilen auch heute noch zu besichtigen ist.

DOCUMENT SCHNUPFTABAKFABRIK
Gesandtenstraße 3
93047 Regensburg
Tel.: 0941-5074410
Führungszeiten:
Fr. – So. 14.30 Uhr
Eintritt: 5 € · 2,50 € ermäßigt, 10 € Familien · Eintrittskarten erhältlich im Café Anna Gesandtenstraße 5

Das Löschenkohlpalais, Sitz der kursächsischen Gesandtschaft

Weiter nach Westen trifft man am Ölberg auf die Dreieinigkeitskirche, einen der ersten evangelischen Kirchenbauten in Bayern. Sie war für den Reichstag von großer Bedeutung, da hier die protestantischen Gesandten beigesetzt wurden, die während der Ausübung ihres Amtes in Regensburg starben. Zahlreiche barocke Epitaphe auf dem Kirchhof erinnern noch heute daran. Die Kirche erfährt zurzeit umfassende Sanierungsmaßnahmen, ihr Turm ist aber regelmäßig für Besteigungen geöffnet und bietet einen wunderbaren Ausblick auf die Altstadt.

MUSEUM IN DER DREIEINIGKEITSKIRCHE
Am Ölberg 1 · 93047 Regensburg · Tel.: 0941-22444
Öffnungszeiten: Wegen Restaurierungsmaßnahmen ist die Dreieinigkeitskirche leider bis auf Weiteres geschlossen
Eintritt: 2,– € · 1,50 Euro ermäßigt · 4,– € Familien

Nicht nur die Mitglieder des Heiligen Römischen Reichs waren in Regensburg vertreten, auch umliegende Nationen wie Russland, Schweden oder Frankreich schickten Beobachter an den Reichstag.

Ein stattliches Beispiel für eine solche ausländische Botschaft findet sich am Südende des Bismarckplatzes: das Präsidialgebäude, Sitz des französischen Gesandten im 19. Jahrhundert.

Ein Vertreter der englischen Krone machte besonders von sich reden. Sir George Etherege, Abgesandter Jakobs II. von England, war in London bekannt für sein Pflichtbewusstsein und seine Sittsamkeit. Als er jedoch 1685 nach Regensburg kam, genoss er seine diplomatische Immunität in vollen Zügen. Er unternahm „Bierreisen" in die entlegensten Winkel der Stadt, amüsierte sich regelmäßig mit käuflichen Damen bei offenem Fenster und schlief seinen Rausch bevorzugt in der Gosse aus.

1688 ließ Etherege zu Ehren der Geburt des englischen Thronfolgers auf dem heutigen Bismarckplatz ein drei Tage dauerndes Fest geben. Mit einem gebratenen Ochsen mit vergoldeten Hörnern, Bier- und Weinbrunnen erfreute er die Regensburger Bürgerschaft. Spät abends ließ er Silbermünzen unter das betrunkene Volk werfen, das sich daraufhin bis aufs Blut bekämpfte. Um das Chaos und seine eigene Belustigung noch zu steigern, mischte er zudem Feuerwerkskörper unter die Münzen, deren Explosion einige schwerwiegende Verletzungen verursachten.

Dieses Ausmaß an Unterhaltung war dem englischen König dann doch zu viel: Etherege wurde abberufen und kehrte nach London zurück.

St. Emmeram

Durch die Predigergasse gelangt man zurück zum Ölberg. Folgt man der Straße einige Zeit und biegt dann links in die Marschallstraße ein, so erreicht man den Emmeramsplatz.

Die Südseite des Platzes wird beherrscht von der ehemaligen Klosterkirche St. Emmeram. Nach der Beisetzung des heiligen Emmerams 685 nach Christus errichteten die Benediktiner rund um die damals hier befindliche Georgskapelle eine Abtei, deren Kirche nicht zuletzt aufgrund der Überformung durch die Gebrüder Asam im 18. Jahrhundert als ein bayerisches Nationalheiligtum gilt.

Die restlichen Gebäude des Klosters gingen nach der Säkularisierung an die Fürsten von Thurn und Taxis über. Die Familie hatte ihren Sitz 1748 von Frankfurt nach Regensburg verlegt und wohnte zunächst im Freisinger Hof an der Nordseite des Emmeramsplatzes. Nachdem der Hof 1792 vollständig ausgebrannt war, zogen die Fürsten in das Äußere Palais um, das heute noch die Westseite des Platzes einfasst. 1812 schließlich konnten die Thurn und Taxis die Räumlichkeiten in St. Emmeram beziehen und verlagerten auch die Bibliothek und das fürstliche Archiv aus dem Zanthaus hierher.

Neben der fürstlichen Schatzkammer im Alten Marstall sind auch einige Teile des Schlosses, das mehr Räumlichkeiten aufweisen soll als der Buckingham Palace, bei regelmäßigen Führungen zu besichtigen. Außerdem ist es auch heute noch der Wohnsitz der Fürstenfamilie, beherbergt die Regensburger Notstandsküche für Bedürftige und ist regelmäßiger Austragungsort für Veranstaltungen und Konzerte.

SCHLOSS UND KREUZGANG · ST. EMMERAM

Emmeramsplatz 5 · 93047 Regensburg · Tel.: 0941-5048133
Führungstermine und Eintrittspreise: www.thurnundtaxis.de

FÜRSTLICHE SCHATZKAMMER

Emmeramsplatz 6 · 93047 Regensburg · Tel.: 0941-5048133
Führungstermine und Eintrittspreise: www.thurnundtaxis.de

Nun folgt man den Ausläufern des Schlosses über das „Eck zum Vaulschink“ in die Waffnergasse. Durstige Gemüter können hier eine Pause von der Wanderung durch die Stadt einlegen, denn rechter Hand im Neuen Marstall befindet sich das Fürstliche Brauhaus, das dazu einlädt, im Palmengarten oder dem malerischen Biergarten vor Ort gebrautes Bier zu genießen.

Das Fürstliche Brauhaus, selbstverständlich mit eigener Brauerei

Die Waffnergasse endet vor dem Emmeramer Tor, einem der mittelalterlichen Stadttore. Folgt man dem Straßenverlauf nach rechts, so gelangt man in die Helenenstraße, die sich hier mit der Fürst-Anselm-Allee kreuzt, der einzigen Parkanlage Regensburgs, die nach ihrem Stifter benannt ist, dem Prinzipalkommissaren Carl Anselm von Thurn und Taxis. Sie führt entlang der Südseite des Schlossparks in Richtung Bahnhof.

Der Dörnbergpark

Am westlichen Ende der Helenenstraße können Sie nun der Kumpfmühler Straße zurück zum Bismarckplatz folgen. Zuvor jedoch sollten Sie noch einen Abstecher in den Dörnbergpark wagen. Der Park wurde Anfang des 19. Jahrhunderts rund um die gleichnamige Villa angelegt. Der Prachtbau ist ein Entwurf des portugiesischen Baumeisters Emanuel d'Herigoyen und zählt zu den bedeutendsten Bauwerken der damaligen Zeit. Der Dörnbergpark selbst mit seinem vielseitigen Baumbestand ist der ganze Stolz des Stadtgartenamtes und lädt mit seinen Wegen und Wiesen dazu ein, länger zu verweilen und darüber nachzudenken, wie man selbst als Gesandter am Immerwährenden Reichstag in Regensburg gelebt hätte.

Sauerkraut und Seelenheil – Die Ostnerwacht

Sauerkraut und Seelenheil – Die Ostnerwacht

Die Ostnerwacht ist der beste Beweis dafür, wie nah geistiges und körperliches Wohl beieinanderliegen können. Schon zur Römerzeit entwickelte sich hier direkt vor den Toren des Militärlagers eine Zivilsiedlung, die die Garnison durch ihre zahlreichen Wirtshäuser, Handwerker und Geschäfte mit allem versorgte, was das Legionärsherz begehrte.

Nach der Erweiterung der Stadtmauer um 1300 und die damit erfolgte Absicherung der Ostnerwacht waren es vor allem fahrende Kaufleute, die nach ihrer beschwerlichen Reise aus Wien in den Gasthöfen rund um die heutige Ostengasse einkehrten. Auch die Krauterer, die Gemüsebauern Regensburgs, sorgten durch ihre weitschweifenden Gärten im Viertel für gefüllte Marktstände und das leibliche Wohl der Stadt.

Durch den Bau mehrerer Klöster und Kirchen schließlich wurde sichergestellt, dass für das Seelenheil der Bewohner auch genügend geistige Nahrung zur Verfügung stand.

Die Traditionen der Ostnerwacht werden bis heute – wenn auch in kleinerem Maßstab – weitergeführt. Die Markthalle am Dachauplatz hat die Krauterer abgelöst. Für den Geist stehen heute neben den Kirchen vor allem das Historische Museum, die Städtische Galerie und natürlich das neu eröffnete Haus der Bayerischen Geschichte zur Verfügung. Und an die Stelle der Gasthöfe sind einige der besten Restaurants getreten, die man in Regensburg besuchen kann. Trotz ihrer Beschaulichkeit und der Nähe zur Altstadt ziehen die großen Touristenströme bisher noch an großen Teilen der Ostnerwacht vorbei. Sie bleibt deswegen weiterhin ein Geheimtipp, ein Kleinod Regensburgs, das es zu entdecken gilt.

Länge: 2,5 km
Strecke: eben, teilweise Kieswege
Anfahrt: Haltestelle Thundorferstraße

Der Rundgang beginnt und endet auf dem St.-Georgen-Platz, direkt an der Nordostecke des alten Römerlagers Castra Regina. Trotz der Überbauungen des Mittelalters und der Neuzeit lässt sich die

Überreste der Kapelle am St.-Georgen-Platz

Mächtigkeit der Römermauer durch die noch vorhandenen gewaltigen Steinquader gut erspüren. Vielleicht war es etwas von dieser Macht, die sich die Kreuzfahrer erhofften, als sie im 12. Jahrhundert in der damals hier befindlichen Kapelle St. Georg und Afra den Beistand des heiligen Drachentöters erflehten, bevor sie nach Jerusalem aufbrachen.

Auf der anderen Straßenseite erhebt sich ein Neuzugang Regensburgs, das Haus der Bayerischen Geschichte. Es ließe sich sicherlich darüber streiten, ob das Äußere des Museums zum Stadtbild passt, aber die Dauerausstellung im Inneren, die den Weg Bayerns von der Gründung des Königreichs bis hin zum modernen Staat präsentiert, ist auf jeden Fall eine Bereicherung für Regensburgs vielfältige Kunst- und Kulturszene.

HAUS DER BAYERISCHEN GESCHICHTE
Donaumarkt 1 · 93047 Regensburg · Tel.: 0941-598510
Öffnungszeiten: Di.-So. und Feiertag 9 – 18 Uhr
Eintritt: 5,– € · 4,– € ermäßigt · Kinder bis 18 Jahren
Schulklassen und Studierende bis 30 Jahren frei

Über die Adolph-Kolping-Straße erreicht man den Schwanenplatz. Wie viele der alten Straßennamen verdankt auch er seine Bezeichnung einer wichtigen Institution: einem Wirtshaus.

Anhand der heute profanierten Kirche St. Peter und Paul an der Westseite des Platzes lässt sich wunderbar der Pragmatismus der Regensburger Bürger verdeutlichen: Lange Zeit beherbergte das ehemalige Gotteshaus einen Table-Dance-Club.

Überquert man den Schwanenplatz nach Süden, gelangt man zum Dachauplatz, im Mittelalter eines der religiösen Zentren der Stadt. Auf der Westseite befand sich ein Konvent bußfertiger Klarissen, der wohl den Großteil der heutigen Freifläche einnahm, 1809 jedoch beim Angriff Napoleons auf Regensburg in Brand geschossen und vollständig zerstört wurde.

1226 siedelte sich auf der Ostseite des heutigen Dachauplatzes der Bettelorden der Minoriten an. Die strengen Regeln der „Barfü-

Das Haus der Bayrischen Geschichte

ßer" und ihr Predigteifer – insbesondere der des berühmten Predigers Bertold von Regensburg – beeindruckten die Bürger der Stadt sehr, und so flossen die Spenden reichlich, was den Bau eines Klosters sowie einer regelrechten „Predigtscheune" ermöglichte. Bis ins 14. Jahrhundert entstand so die Minoritenkirche, mit einer Länge von fast 75 Metern die größte Bettelordenskirche Süddeutschlands.

1810 wurde das Kloster aufgelöst und in eine Kaserne umgewandelt, die Kirche zur Exerzierhalle, nach dem Ersten Weltkrieg sogar zur Hotelgarage. Heute dient die Minoritenkirche wieder der geistigen Erbauung: Sie ist Teil des Historischen Museums der Stadt, das nebenan im ehemaligen Kloster untergebracht ist.

HISTORISCHES MUSEUM
Dachauplatz 2 - 4 · 93047 Regensburg · Tel.: 0941-5072448
Öffnungszeiten: Di. - So. und Feiertag 10 - 16 Uhr
Eintritt: 5,– € · 2,50 € ermäßigt · 10,– € Familien

Bevor Sie den Dachauplatz nun wieder verlassen, statten Sie doch dem „document Legionslagermauer" im Untergeschoß des Parkhauses noch einen kostenlosen Besuch ab. Hier konnte beim Bau des

Der „Leere Beutel", Ort für Kultur und das leibliche Wohl

Gebäudes ein imposantes Stück der alten Römermauer freigelegt und konserviert werden und seit 2013 lässt sich die Zeit von Marc Aurel und seinen Legionen hier in einer multimedialen Installation noch etwas greifbarer machen.

Zurück in Richtung Schwanenplatz gelangen Sie hinter der Minoritenkirche durch die Bertoldstraße zum „Leeren Beutel". Dieser riesige Getreidestadel wurde 1597 im Auftrag der Stadt errichtet, um Regensburg auch in Notzeiten mit Brot versorgen zu können. Für die Lagerung des Getreides war es der ideale Ort: Über 150 Jahre altes Korn, das hier aufbewahrt wurde, konnte noch im 17. Jahrhundert dazu verwendet werden, schmackhaftes Brot für die Bevölkerung zu backen.

Falls Sie dieser Gedanke nun hungrig gemacht hat, statten Sie ruhig dem Restaurant im Erdgeschoss einen Besuch ab. Neben regelmäßigen Veranstaltungen des Jazzclub Regensburg wird Ihnen hier eine exzellente Küche in historischem Ambiente geboten. Im Obergeschoss geht es kulturell weiter: Neben einem kleinen Programm-Kino beinhaltet der „Leere Beutel" seit 1980 die Städtische Galerie mit einer Zweigstelle der bayerischen Staatsgemäldesammlungen.

STÄDTISCHE GALERIE „LEERER BEUTEL"
Bertoldstraße 9 · 93047 Regensburg · Tel.: 09415-072440
Öffnungszeiten: Di. – So. und Feiertag 10 – 16 Uhr · Geschlossen Neujahr, Faschingsdienstag, Karfreitag, 1.5., 1.11., 24./25./31.12.
Eintritt: 5,– € · 2,50 € ermäßigt · 10,– € Familien

Die Verlängerung der Bertoldstraße bildet die Heiliggeistgasse, deren guter Geist wohl schon immer zu spüren war, denn 1731 gründete Weihbischof Gottfried Langwerth von Simmern hier im Haus Nr. 7 das erste katholische Waisenhaus (ein evangelisches gab es schon seit 1666). Damit schloss sich eine wichtige Lücke im spärlichen Sozialprogramm der Stadt. Bis ins 19. Jahrhundert lebten hier bis zu 50 Kinder nach einem strengen und religiösen Zeitplan. Neben dem täglichen Besuch der Messe stand auch die Arbeit in der hauseigenen Tuchmacherei auf dem Programm. Noch heute sind Kinder das Hauptthema des Hauses: In ihm befindet sich die katholische Jugendfürsorge.

Um den Waisen die Möglichkeit zum regelmäßigen Gebet und Gottesdienst zu geben, wurde 1734 angrenzend die Kapelle Mariä

Das Lustschlösschen des Bankiers Löschenkohl

Schnee errichtet. Sie ist leider nur selten zugänglich, aber falls man einen Blick hineinwerfen kann, wird man mit einer beeindruckenden Rokokokapelle belohnt.

Ein paar Schritte zuvor zweigt die Silbernagelgasse ab. Folgt man dieser Straße, die nach einer im 18. Jahrhundert dort ansässigen Krautererfamilie benannt ist, so gelangt man zum ehemaligen Gartenpalais Löschenkohl. Der barocke Prachtbau diente seinem Erbauer, Kaufmannsbankier Hieronymus Löschenkohl, ab 1733 als Lustschlösschen und Wochenendresidenz, neben seiner ebenfalls nach ihm benannten Villa am Neupfarrplatz.

Das Ostentor, Eingang zur Ostengasse

Das Gartenschlösschen ist den Regensburgern heutzutage eher unter dem Namen Rosenpalais bekannt, ein weiteres exzellentes Restaurant der Ostnerwacht.

Der Stadtteilspaziergang führt nun den Minoritenweg in östlicher Richtung bis hin zur Gasse „Am Stärzenbach".

Der Ostarm des Vitusbachs, des Stadtbachs Regensburgs, floss hier, vom Dachauplatz kommend, über die Ostengasse in Richtung Donau. Damit die Bürger des Viertels trockenen Fußes zur Arbeit gehen konnten, wurde der Bach in weiten Teilen mit Deckeln, den sogenannten Stärzen, abgedeckt.

Unweit stößt man nun auf die eigentliche Hauptstraße des Viertels, die Ostengasse. Sie stellte schon zur Römerzeit einen wichtigen Verkehrsweg in Richtung Straubing und Passau dar. Zwar ist sie heute teilweise etwas heruntergekommen, aber umfangreiche Renovierungsmaßnahmen im Bereich des Donaumarkts haben dazu geführt, dass man so langsam wieder die ursprüngliche Bedeutung dieser Straße im Mittelalter spüren kann. Hier reihte sich ein Gasthaus an das nächste, um den fahrenden Händlern, die in Regensburg Station machten, Unterschlupf zu bieten.

Gleichzeitig wurde den Besuchern der Stadt hier aber auch immer wieder die Wehrhaftigkeit Regensburgs vor Augen geführt: Am Ende der Gasse befindet sich das Ostentor, der zentrale Verteidigungspunkt der Ostnerwacht. Der fünfgeschossige Turm ist das einzige vollständig erhaltene Stadttor Regensburgs. Gerade auf der Außenseite wird deutlich, dass sich die Stadt an dieser Stelle gut verteidigen konnte: Zahlreiche Schießscharten und Pechnasen sind bis heute vorhanden, Fallgitter konnten das Tor nach außen hin abriegeln. Durchquert man den um 1300 erbauten Turm, so erreicht man das Alte Wachhaus. Von hier aus konnten Einreisende kontrolliert werden, Listen von Besuchern erstellt werden usw.

Das große hölzerne Tor linker Hand gewährt einen Blick auf den größten Prachtbau der Ostnerwacht, die Königliche Villa.

Die Königliche Villa, ungenutzte Sommerresidenz Maximilians II.

Das Schloss sollte ursprünglich als Sommerresidenz für König Maximilian II. von Bayern dienen und wurde deshalb auch im sogenannten Maximilianstil erbaut, benannt nach den unter seiner Regierung entstandenen Bauten in der Maximilianstraße in München.

Ob sich die dreijährige Bauzeit (1854–1856) für ihn allerdings gelohnt hat, ist fraglich, da Maximilian selbst nach Fertigstellung der Residenz nur zweimal kurz hier verweilte. Nach dem Ersten Weltkrieg ging die Villa mit der Abschaffung der Monarchie in den Besitz des bayerischen Staates über, der sie zunächst als Mietshaus nutzte. Heute beherbergt die Residenz das Landesamt für Denkmalpflege.

Die Königliche Villa umgibt der Villapark, eine der grünen Oasen der Regensburger Altstadt. Er erstreckt sich unter anderem auf dem Gebiet des ehemaligen Stadtgrabens und ist mit seinen teilweise jahrhundertealten Bäumen und seiner unmittelbaren Nähe zur Donau ein wichtiges Erholungsgebiet für die Bewohner des Stadtostens. Der Park ist außerdem im Sommer regelmäßig Austragungsort zahlreicher Feste und Freiluftveranstaltungen.

Der Anatomieturm

Durch ein schmiedeeisernes Tor am anderen Ende öffnet sich der Park hin zur Donau. Technikbegeisterte können sich hier über die Exponate des Schiffahrtsmuseums freuen, die an dieser Stelle der Öffentlichkeit zugänglich gemacht wurden. Weiter flussabwärts gelangt man außerdem zum Regensburger Westhafen, der auf diesem

Rundgang allerdings nicht das Ziel sein soll. Stattdessen geht es weiter flussaufwärts, an den zahlreichen Flusskreuzfahrtschiffen vorbei, die Regensburg gerade im Sommer zu einem beliebten Ausflugsziel auserkoren haben, in Richtung Altstadt.

Kurz hinter der Königlichen Villa erhebt sich der Anatomieturm. Hier traf sich die Regensburger Ärzteschaft im 18. Jahrhundert zu ihren medizinischen Studien. Obwohl das Sezieren von Leichen zu dieser Zeit nicht mehr verboten war, machten die meisten Bürger wohl auch weiterhin einen großen Bogen um dieses Bauwerk. Ab 1812 schließlich diente der Turm der Aufbewahrung des städtischen Vorrats an Schießpulver.

Durch die Schattenhofergasse geht es zurück zur Ostengasse. Bemerkenswert sind auf diesem Weg vor allem die ehemaligen Gebäude des Huemerschen Stadtbauernhofs sowie die gewaltigen barocken Stadel, die Aufschluss darüber geben, welche Ausmaße die Anlagen der Krauterer in der Ostnerwacht annehmen konnten.

Das Ende der Gasse konnte wie alle anderen zur Ostengasse mündenden Wege durch schwere Ketten abgesperrt werden. Dadurch konnten z.B. Durchzüge von Soldaten gelenkt oder auch Aufstände unter der Bevölkerung unter Kontrolle gebracht werden. Beispiele für solche Absperrketten findet man auch heute noch am Alten Rathaus, nicht jedoch in der Ostnerwacht. Nur der ursprüngliche Name des Brandlbräus, eines Wirtshauses in der Ostengasse, erinnert noch an diese Straßenblockaden: „Zum Bären an der Kette“.

Das an der Hauswand angebrachte Bild zeigt einen Tanzbären, der im 18. Jahrhundert in diesem Wirtshaus zu Gast gewesen sein soll. Der Sage nach stellte dieser eines Nachts einen Viehdieb, der in den Stall des Bären eingebrochen war. Er hielt ihn so lange in seinen Pranken gefangen, bis der Dieb in Gewahrsam genommen werden konnte. Der Wirt des Gasthofs kaufte daraufhin den zahmen Bären und behielt ihn als Wachhund, der sich an einer langen Kette frei bewegen konnte und dem Wirt als Attraktion einen stetigen Bierabsatz sicherte.

Durch die Ostengasse in Richtung Westen gelangt man nun zurück zum St.-Georgen-Platz, dem Beginn des Rundgangs.

„Regensburg liegt gar schön…“ – Die künstlerische Stadt

„Regensburg liegt gar schön …" – Die künstlerische Stadt

„Regensburg liegt gar schön. Die Gegend musste eine Stadt herlocken." Dieses Lob, das Johann Wolfgang von Goethe bei einem Besuch der Stadt 1786 auf seiner Reise nach Italien machte, ist wohl das mit Abstand am häufigsten verwendete Zitat in der Regensburger Literatur.

Jedoch war er bei weitem nicht der einzige Künstler, der der Stadt seine Aufwartung machte. Von Eichendorff bis Mozart, von Altdorfer bis Ganghofer, viele bekannte Namen besuchten Regensburg und ließen sich hier inspirieren. Und auch zahlreiche Künstler, die außerhalb der Stadtgrenzen eher als unbekannt gelten mögen, bereicherten seit jeher die Kunst- und Kulturszene.

Dieser Rundgang folgt den Spuren bekannter und weniger bekannter Künstler quer durch Regensburg. Er beginnt, ebenso wie

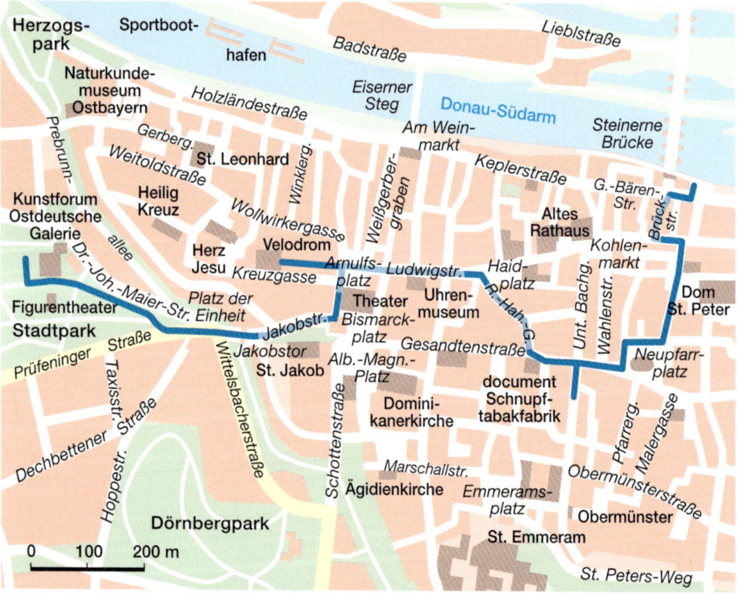

Goethes Besuch der Stadt, gegenüber der Historischen Wurstkuchl, am ehemaligen Gasthof „Zum weißen Lamm“ in der Weißen-Hahnen-Gasse 2.

Länge: 2,5 km
Strecke: eben
Anfahrt: Haltestelle Thundorferstraße

Die Wirtsleute wussten wohl nicht, wer sich bei ihnen am 4. September 1789 einmietete, denn Goethe reiste inkognito, unter dem Namen „Herr Moeller“. Als Mitglied des Illuminatenordens, der im 18. Jahrhundert in Bayern von der Obrigkeit verfolgt wurde, wollte er unerkannt bleiben. Aus seinen Tagebüchern kann man entnehmen, dass Goethe sich in Regensburg wie ein „typischer“ Tourist verhielt: Er besuchte einige Sehenswürdigkeiten und eine Oper, beklagte sich über das Wetter, und auch das Essen sagte ihm nicht wirklich zu: „Das Obst ist nicht sonderlich.“ Goethe blieb nur einen Tag in der Stadt, wohl auch, weil er von einem Buchhändler erkannt wurde und um seine Sicherheit fürchtete.

Als das Weiße Lamm 1820 aufgegeben wurde, konnte es auf eine beachtliche Anzahl von prominenten Gästen zurückblicken: Neben Goethe übernachteten hier zum Beispiel auch Wolfgang Amadeus Mozart und Joseph Haydn.

Ein anderer Künstler war im 16. Jahrhundert ebenfalls regelmäßig im Weißen Lamm zu Gast, denn sein Arbeitsplatz lag gleich um die Ecke. Biegt man nämlich in die nahegelegene Brückstraße ein, so kann man schon von weitem den biblischen Kampf Davids gegen den Riesen Goliath am gleichnamigen Goliathhaus erkennen. Für die meisten Bürger der Stadt stellte dieses imposante Wandgemälde eine Warnung an die Feinde Regensburgs und speziell an die bayerischen Herzöge dar: Niemand sollte die Wehrhaftigkeit der freien Reichsstadt Regensburg trotz ihrer geringen Größe unterschätzen.

Das Fresko, das seit seiner Entstehung 1573 mehrfach restauriert wurde, stammt von Melchior Bocksberger, dem führenden Fassadenmaler Süddeutschlands. Zahlreiche Häuser in der Stadt wa-

Der ehemalige Gasthof Zum weißen Lamm

Eine Warnung für alle Widersacher: Legt euch nicht mit Regensburg an!

ren von ihm verziert worden, unter anderem auch das Alte Rathaus, doch das Gemälde am Goliathhaus ist das einzige erhaltene Zeugnis seiner Arbeit.

Bocksberger war ein Meister seines Fachs, allerdings auch dem Bier sehr zugeneigt. Um nicht als pflichtvergessen zu erscheinen, wenn er während seiner Arbeit Durst bekam, nutzte er eine List: Bevor er eine seiner Bierpausen machte, zog er sich auf seinem Baugerüst die Schuhe aus und ließ sie von einem Brett nach unten baumeln. Vom Boden aus betrachtet konnten die Bürger nur die Schuhe erkennen und vermuteten natürlich, dass Bocksberger in selbigen bei der Arbeit steckte. Währenddessen saß der Künstler ungestört und barfuß bei einem Bier im Weißen Lamm.

Am Domplatz wartet ein Kunstgenuss ganz anderer Art. Hier kann man regelmäßig die Regensburger Domspatzen singen hören. Der weltbekannte Chor untermalt nach alter Tradition jeden Sonntag um 10 Uhr die Messe im Dom.

Auch Kunsthandwerk ist am Domplatz zu finden. Der Hutmacher am Dom stellt in seiner Manufaktur schon in der fünften Ge-

Das Wohnhaus von Ulrich Schmidl

neration meisterhafte Hüte her, die in aller Welt Beachtung finden. Selbst Hollywood ist mittlerweile auf die Regensburger Kopfbedeckungen aufmerksam geworden und lässt sich vom „Hutkönig“ mit Requisiten beliefern.

Einen ähnlichen Bekanntheitsgrad erlangte im 16. Jahrhundert ein Mann, dessen Familienwappen sich heute noch an der Engelapotheke in der Nordwestecke des Neupfarrplatzes finden lässt. Der Straubinger Ulrich Schmidl ließ sich 1563 nach einem abenteuerlichen Leben in Regensburg nieder. 18 Jahre lang hatte er als Teil einer spanischen Erkundungs- und Eroberungsexpedition den südamerikanischen Kontinent erforscht und gilt zudem als einer der Gründer von Buenos Aires. Nach seiner Rückkehr verfasste er einen umfangreichen Reisebericht unter einem ebenso umfangreichen Titel. Die „Wahrhaftige und liebliche Beschreibung etlicher fürnehmen Indianischen Landschaften und Inseln, die vormals in keiner Chronicken gedacht und erstlich in der Schifffahrt Ulrici Schmidels von Straubingen mit großer Gefahr erkündigt und von ihm selber aufs fleissigst beschrieben und dargetan.“ wurde zu einem Bestseller, der in mehrere Sprachen übersetzt und an den Fürstenhöfen des Reichs regelrecht verschlungen wurde.

Kurz nachdem man den Neupfarrplatz nach Westen in Richtung Gesandtenstraße verlassen hat, biegt linker Hand die Obere

Bachgasse ab. Über der Eingangstür einer Bäckerei (Hausnummer 7) erinnert eine Steintafel an Albrecht Altdorfer, der dieses Haus 1513 kaufte und bis zu seinem Tod 1538 bewohnte. Neben seiner künstlerischen Tätigkeit war der Maler und Baumeister als Mitglied des Inneren Rates auch politisch aktiv. Die Wahl zum Bürgermeister 1528 lehnte er allerdings ab, um eines seiner wichtigsten Bilder, „Die Alexanderschlacht", fertig stellen zu können. Zahlreiche seiner Werke sind noch heute in Kirchen und Museen Regensburgs zu bewundern.

Über die Rote-Hahnen-Gasse erreicht man den Haidplatz. Hier arbeitete eine weitere Meisterin ihres Fachs. Marie Schandri, die Köchin des Goldenen Kreuzes, sorgte 40 Jahre lang für das leibliche Wohl ihrer Gäste. 1866 veröffentlicht sie das „Regensburger Koch-

Eine Warnung für alle Widersacher: Legt euch nicht Das Goldene Kreuz, ehemals weithin bekannt für seine Küche mit Regensburg an!

buch", das mittlerweile in der 99. Auflage erschienen ist. Die knapp 1000 Rezepte, die sie als wahre Kochkünstlerin auszeichnen, geben einen guten Einblick in die Küche des 19. Jahrhunderts, die auch vor in Schmalz gebackenen Fröschen nicht zurückschreckt. Der Mythos, dass die vielbeschäftigte Frau das Buch selbst geschrieben habe, kann allerdings nicht aufrecht erhalten werden. Als Köchin aus einfachen Verhältnissen konnte Marie Schandri nicht schreiben. Stattdessen diktierte sie ihre Rezepte der Verlegersfrau Isabella Coppenrath, unter deren Federführung das Werk dann auch veröffentlicht wurde.

Das Regensburger Kochbuch ist heute als Standardwerk in vielen Küchen namhafter Köche zu finden.

Kneitinger – hier wird Bier zur Kunstform

Über die Ludwigstraße, die im Westen an den Haidplatz anschließt, erreicht man den Arnulfsplatz, an dem sich eine weitere Ausprägung bayerischer Kultur verkosten lässt: das Bier. Die Brauerei Kneitinger versorgt seit 1861 an dieser Stelle Touristen wie Einheimische gleichermaßen mit ihren Erzeugnissen. Friedlich vereint sitzen Alt-Regensburger und internationale Reisegruppen an einem Tisch und beweisen einmal mehr, dass das bayerische Bier auch zur Völkerverständigung beitragen kann.

Das 19. Jahrhundert veränderte das ehemals mittelalterliche Stadtbild Regensburgs durch eine Vielzahl künstlerischer

Das Stadttheater Regensburg

klassizistischer Bauten, deren Entwürfe zum größten Teil aus der Feder des Niederländers Emanuel d'Herigoyen stammen, der 1804 sogar zum offiziellen Baumeister Regensburgs ernannt wurde.

Ein Beispiel für seine Kunstfertigkeit stellt das Stadttheater dar, das seit 1804 den Arnulfsplatz nach Süden abschließt, 1849 nach einem Brand jedoch erneuert werden musste. Die eigentliche Schaufassade des Prachtbaus befindet sich auf der Südseite, zum Bismarckplatz. Bevor Sie sich jedoch dorthin begeben, werfen Sie einen Blick durch den Torbogen neben dem „Kneitinger". Am Ende des dahinterliegenden Platzes befindet sich das sogenannte Velodrom. Es wurde 1897/98 von dem jüdischen Geschäftsmann Simon Oberdorfer errichtet. Der Saalbau sollte als Radsporthalle dienen, wurde aber auch für Veranstaltungen aller Art wie Boxkämpfe oder Konzerte ge-

Das Schottenportal

nutzt. 1929 erfuhr der Bau eine Umgestaltung zum „Capitol“, dem größten Lichtspielhaus Ostbayerns.

Oberdorfer konnte an dem Erfolg seines Projektes nicht lange teilhaben: 1938 floh er zunächst vor den Nationalsozialisten aus der Stadt, wurde 1943 dann aber doch festgenommen. Er verlor sein Leben in den Gaskammern von Sobibor.

Nicht zuletzt um das Andenken an Simon Oberdorfer zu wahren, dient das Gebäude noch heute seinem ursprünglichen Zweck, der Unterhaltung der Bürger: Das Velodrom gehört zusammen mit dem Stadttheater und dem Theater am Haidplatz zu den Städtischen Bühnen Regensburgs.

Zurück auf dem Arnulfsplatz wendet man sich nach rechts, um an der nächsten Ampel wiederum rechts in die Jakobstraße abzubiegen. Hinter einer Baumallee auf der gegenüberliegenden Straßenseite befindet sich ein kunstgeschichtlich bedeutendes Bauwerk: die „Schottenkirche“ St. Jakob.

Der Name selbst ist irreführend, denn die „Schottenkirche“ wurde im 12. Jahrhundert von irischen Mönchen erbaut. Besonders sehenswert ist das Hauptportal mit seinem reichen Figurenschmuck. Dargestellt werden neben Jesus und den Aposteln auf der Weltenwaage auch Maria und der Antichrist. Welcher der ca. 80 verschiedenen existierenden Interpretationsansätze den Rest des Portals treffend beschreibt, ist allerdings unklar.

Der ziemliche schräge Eingang der Ostdeutschen Galerie

Durch das Jakobstor, eines der mittelalterlichen Stadttore, erreicht man den Regensburger Stadtpark. Inmitten der Liegewiesen und schattigen Bäume befindet sich die Ostdeutsche Galerie, die seit 1970 eine der größten Sammlungen sudetendeutscher und ostdeutscher Kunstobjekte vom 18. Jahrhundert bis zur Gegenwart präsentiert. Daneben finden regelmäßig Sonderaustellungen statt, in denen der Öffentlichkeit das Schaffen einzelner Künstler nähergebracht wird. Für Kunstliebhaber ist die Galerie auf jeden Fall einen Besuch wert und bietet einen gelungenen Abschluss des Rundgangs.

KUNSTFORUM OSTDEUTSCHE GALERIE
Dr.-Johann-Maier-Str. 5 · 93049 Regensburg · Tel.: 0941-297140
Öffnungszeiten: Di. – So. und Feiertag 10 – 16 Uhr · Do. 10 – 20 Uhr
Geschlossen Neujahr, Karfreitag, 1.5., 1.11., 24./25./31.12.
Eintritt: 6,– € · 4,– € ermäßigt · 12,– € Familien · evtl. Zuschlag bei Sonderausstellungen

Lebensader Donau – Zwei Seiten einer Stadt

Lebensader Donau – Zwei Seiten einer Stadt

Wie eine Lebensader fließt die Donau mitten durch Regensburg. Ursprünglich eine natürliche Grenze zwischen den Römern und Germanien, diente sie gerade im Mittelalter als eine der Haupthandelsrouten quer durch Europa und bot somit den Händlern Regensburgs eine stete und profitable Einnahmequelle.

Heute dient die Donau den Bürgern vor allem zur Erholung. Dieser Rundgang bietet Ihnen die Möglichkeit, im wahrsten Sinne des Wortes beide Seiten des Flusses kennenzulernen. Er beginnt und endet an der Steinernen Brücke und gibt Ihnen nicht nur einen Einblick in den Handel der mittelalterlichen Stadt, sondern eröffnet Ihnen auch die Möglichkeit, dem Trubel der Straßen und Gassen für eine Weile zu entkommen.

Länge: 4,5 km
Strecke: größtenteils eben, einige Treppen
Anfahrt: Haltestelle Thundorferstraße

Die Donau

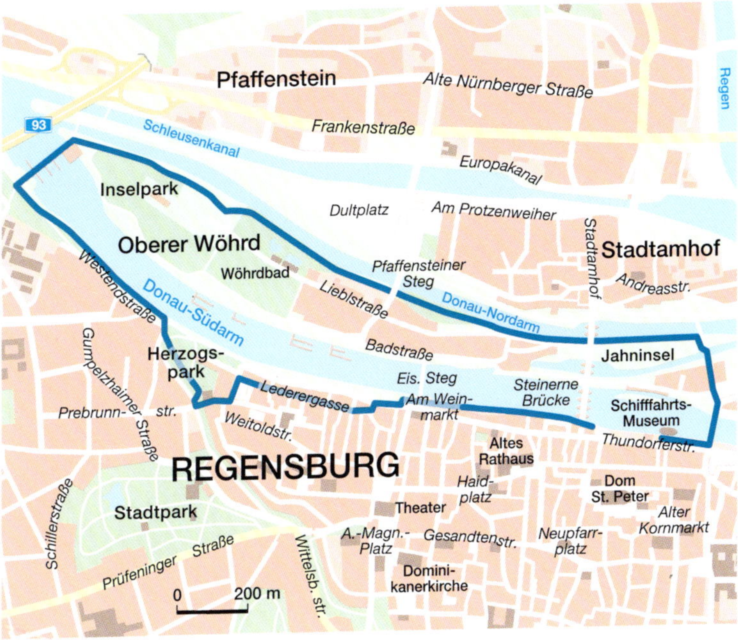

Die Gegend rund um die Steinerne Brücke wird heute vor allem von Touristen bevölkert, im Mittelalter sah das jedoch anders aus, denn hier befand sich der Regensburger Hafen. Über einen Kanal, der westlich und östlich der Brücke in die Stadt hineinführte, konnten die Schiffe abseits der gefährlichen Donaustrudel zwischen den Brückenpfeilern anlegen und ihre Waren verladen. Gleichzeitig war es den Regensburgern dadurch auch möglich, den Handel auf der Donau zu kontrollieren und für die Nutzung des Umgehungskanals Gebühren zu verlangen.

1487 wurde der Kanal zugeschüttet, um den Bau des Amberger Salzstadels zu ermöglichen. Ab diesem Zeitpunkt mussten die Schiffe mit Hilfe von Winden über die Donaustrudel gezogen werden. Schiffe, deren Ladung zu schwer war, insbesondere Salzschiffe, mussten unterhalb der Brücke entladen werden. Auch dafür verlangte Regensburg Zoll.

Salz war lange Zeit eine der Haupteinnahmequellen der Stadt.

Um ebenfalls vom Handel mit dem „weißen Gold“ profitieren zu können, versuchten die bayerischen Herzöge das Zollrecht Regensburgs zu umgehen, indem sie die Salzschiffe mit Gewalt unter der Steinernen Brücke hindurchziehen ließen. Die Stadt engagierte daraufhin einen kräftigen Schiffer, dessen einzige Aufgabe es war, mit einem Beil die Zugseile der bayerischen Salzschiffe zu zerschlagen.

Stärken konnte er sich für seine anstrengende Aufgabe in der Historischen Wurstkuchl, die sich schon im 12. Jahrhundert an diesem

Die Historische Wurstkuchl am Salzstadel

Ort befand und als älteste Wurstküche Deutschlands gilt. Die Bratwurstkipferl sind auch heute noch exzellent.

Der Salzstadel, der von 1616 bis 1620 errichtet wurde, ist ein weiteres Symbol für das Salzmonopol der Stadt. Auf acht Stockwerken konnte die Kostbarkeit hier gelagert werden. Heute beherbergt der Salzstadel eine ganz andere Kostbarkeit: das Besucherzentrum Welterbe Regensburg. Auf zwei Etagen werden dem Besucher in unterschiedlichen Ausstellungen verschiedenste Aspekte des UNESCO-Welterbes Regensburg näher gebracht. Ein Besuch lohnt sich auf jeden Fall!

BESUCHERZENTRUM WELTERBE REGENSBURG · IM SALZSTADEL
Weiße-Lamm-Gasse 1 · 93047 Regensburg · Tel.: 0941-5074410
Öffnungszeiten: Täglich 10 – 19 Uhr · geschlossen 24.12 und Neujahr
Eintritt frei

Wenige Schritte flussaufwärts stößt man auf eine längliche grüne Klappe in einer Hauswand. Dahinter befindet sich ein elektrischer Schiffszug, der es den Schiffen zu Beginn des 20. Jahrhunderts ermöglichte, die starke Strömung zwischen den Pfeilern der Steinernen Brücke stromaufwärts zu überwinden. Die Anlage war bis 1963 in Betrieb. Heute kann die Brücke durch den Europakanal in Stadtamhof komplett umgangen werden.

Salz war nicht das einzige Handelsgut der Stadt. Zwischen der Steinernen Brücke und dem Eisernen Steg liegt die Weinlän-

St. Oswald

Das Naturkundemuseum am Herzogspark

de. Neben dem Weinstadel und dem Weinmarkt befanden sich hier im 19. Jahrhundert viele Gaststätten, in denen die Bürger ihr Handelsgut reichlich verkosten konnten.

Hinter der Kirche St. Oswald, die seit dem frühen 14. Jahrhundert über die trinkfreudigen Regensburger wacht, geht die Weinlände über in die Holzlände. Hier konnte vor allem Brennholz erworben werden, das vor der Entwicklung der Eisenbahn und dem damit verbundenen einfacheren Transport von Kohle fast das einzige Brennmaterial war.

Die Holzländestraße öffnet sich linker Hand zu einem kleinen Platz, der sogenannten Brunnleite. Die Lederergasse, die westlich an die Brunnleite anschließt, galt bis ins 15. Jahrhundert als Hauptverkehrsstraße nach Nürnberg. Auf die von dort eintreffenden Händler muss Regensburg aber wohl keinen guten Eindruck gemacht haben, denn rund um die Gasse waren die Lederer ansässig. Das Gerben von Fellen galt als schmutzige und anrüchige Arbeit, verbreitete einen beißenden Gestank, und das Krankheitsrisiko war groß.

Auf halbem Weg durch die Lederergasse zweigt links das Kuhgässel ab. Seinen Namen verdankt es der Legende, ein Bäckerjunge hätte einer entgegenkommenden Kuh nicht ausweichen können und sei von ihr an eine Hausmauer gedrückt und zerquetscht worden. Ob sich diese Geschichte wirklich zugetragen hat, ist fraglich, auf jeden Fall aber gilt das Kuhgässel als die engste Gasse Regensburgs.

Am Ende der Lederergasse erreicht man den sogenannten Herrenplatz. Ursprünglich dicht bebaut, sollte der Platz Herzog Albrecht IV. von Bayern zum Bau einer neuen wittelsbacherischen Residenz dienen. Nachdem sich ihm die Regensburger 1486 aus wirtschaftlichen Gründen wieder untergeordnet hatten, wollte er so seine Macht und seinen Einfluss in der Stadt festigen. Bevor der Bau jedoch vollendet werden konnte, musste der Herzog auf Druck des Kaisers Regensburg wieder verlassen und den ursprünglichen Status als freie Reichsstadt wieder anerkennen. Von der Residenz ist heute nichts mehr zu sehen.

Julchen Stender wurde in ihrem Lieblingspark verewigt

Hier fanden zahlreiche Menschen den Tod: die Schillerwiese

Verlässt man den Herrenplatz auf der schräg gegenüberliegenden Seite, so gelangt man zum Württembergischen Palais, einem charakteristischen Beispiel für den Regensburger Klassizismus. Es wurde von 1804 bis 1806 für Georg Friedrich von Müller erbaut, Hofrat der Thurn und Taxis, und diente nach dessen Tod Prinzessin Sophie von Thurn und Taxis als Gartenpalais. Seit 1961 birgt das Palais das städtische Naturkundemuseum.

NATURKUNDEMUSEUM OSTBAYERN
Am Prebrunntor 4 · 93047 Regensburg · Tel.: 0941-5073443
Öffnungszeiten: Mo. 9 – 12 Uhr · Di. – Fr. 9 – 16 Uhr · So. 10 – 17 Uhr
Eintritt: 5,– € · 3,– € ermäßigt · 10,– € Familien
Kinder unter 6 Jahren frei

Dahinter versteckt sich der Herzogspark, eine der schönsten Parkanlagen der Stadt. Besonders sehenswert sind neben dem Rosengarten und der Sammlung vielfältiger Pflanzen auch die Überreste der alten Bastei Prebrunn.

Im unteren Teil des Parks fällt vor allem die schwermütig wirkende Bronzeskulptur eines Mädchens auf. Es handelt sich hierbei um ein Denkmal für Julchen Stender, die jung verstorbene Tochter eines reichen Regensburger Fabrikanten, die sich zu ihren Lebzeiten gerne hier aufgehalten hat.

Durch den Nordwestausgang des Parks gelangt man über eine Treppe zurück zur Donau, der man weiter stromaufwärts folgt.

Auf dem Weg zum Pfaffensteiner Wehr erreicht man nach kurzer Zeit die sogenannte Schillerwiese. So idyllisch das Fledermausbiotop dem Betrachter heute erscheint, so grausam ist seine Geschichte: Das Gelände diente ab 1806 als Hinrichtungsstätte. 1905 wurde der Ort im Gedenken an den hundertsten Todestag Friedrich Schillers in Schillerwiese umbenannt. An Stelle der ehemaligen Köpfstatt

Der Weg am Nordarm der Donau lässt einen den Trubel der Stadt vergessen

stehen seitdem ein Gedenkstein und die sogenannte Schillerlinde. Fraglich ist aufgrund der Vorgeschichte des Platzes allerdings, ob der Dichter sich über diese Widmung gefreut hätte.

Am Pfaffensteiner Wehr, dem Wasserkraftwerk der Stadt, teilt sich die Donau in einen nördlichen und einen südlichen Arm.

Nach einer dramatischen Änderung der Strömungsverhältnisse der Donau zu Beginn des 14. Jahrhunderts gerieten die Regensburger in Schwierigkeiten: Das meiste Wasser floss nun durch den Nordarm in Richtung Stadtamhof, der Südarm drohte auszutrocknen. Dies hätte nicht nur vielen auf die Donau angewiesenen Händlern und sämtlichen um die Steinerne Brücke ansässigen Mühlen die Existenzgrundlage entzogen, sondern auch einen gewaltigen Handelsvorteil für das bayerische Stadtamhof und den Herzog bedeutet. Die Regensburger errichteten daraufhin am nördlichen Ufer der Donau das sogenannte Wehrloch, einen langen steinernen Damm, der den Hauptteil der Donau wieder nach Süden umlenkte und dem bayerischen Herzog im wahrsten Sinne „das Wasser abgrub".

Nachdem man auf dem Pfaffensteiner Wehr den Südarm der Donau überquert hat, biegt man nach rechts in den „Inselpark Oberer Wöhrd" ab, ein Ort der Unterhaltung und Erholung schon für die Bürger im 17. und 18. Jahrhundert. Heute dient der Park durch das Wöhrdbad, die Jahnturnhalle und andere Einrichtungen vor allem der sportlichen Betätigung.

Halten Sie sich bei Ihrem Spaziergang durch den Park weitgehend links, immer am Nordarm der Donau entlang. Nach einiger Zeit erreichen Sie die Steinerne Brücke. Direkt darunter befindet sich die Jahninsel, ehemals auch „das Wöhrdl" genannt. Einst war dies eine eigenständige kleine Donauinsel, heute hängt sie mit dem Oberen Wöhrd zusammen und ist vor allem für die Regensburger Studenten im Sommer ein beliebter Treffpunkt.

Der Weg führt weiter direkt am Ufer des Nordarms der Donau entlang, bis man den Grieser Steg erreicht. Folgen Sie dem Weg nach rechts in die Proskestraße. Vorbei an einigen Jugendstilvillen, die dem Betrachter einen Eindruck der typischen Stadtvilla aus der Zeit des beginnenden 20. Jahrhunderts verschaffen, geht es weiter

Das Regensburger Schiffahrtsmuseum

über den Eisernen Steg, und von da aus zurück in die Altstadt.

Einen gelungenen Abschluss des Donau-Rundgangs bietet ein Besuch des Regensburger Schiffahrtsmuseums. Die Ausstellung auf dem restaurierten ungarischen Raddampfer „Érsekcsanád" und dem österreichischen Schlepper „Freudenau", die beide an der Thundorferstraße vor Anker liegen, gibt nicht nur einen guten Überblick über die Entwicklung der Donauschifffahrt; bei der Besichtigung der Mannschaftsunterkünfte erhält man zudem einen guten Eindruck von den Lebensbedingungen und dem harten Arbeitsalltag auf der Donau im frühen 20. Jahrhundert.

DONAU-SCHIFFAHRTS-MUSEUM

Thundorferstraße · 93047 Regensburg · Tel.: 0941-5075888

Öffnungszeiten: April – Oktober: Di. – So. 10 – 17 Uhr

Eintritt: 3,– € · 2,– € · ermäßigt · 7,– € Familien

Regensburg von oben – Die Winzerer Höhen

Regensburg von oben – Die Winzerer Höhen

Manchmal kann es gut sein, etwas Abstand zu gewinnen und Dinge aus einer anderen Perspektive zu betrachten.

Der Dreifaltigkeitsberg und die anschließenden Winzerer Höhen, eine Hügelkette nördlich von Regensburg, bieten Ihnen die Gelegenheit, genau dies zu tun. Besonders an einem klaren, sonnigen Tag können Sie hier in unmittelbarer Nähe der Altstadt einen äußerst idyllischen Spaziergang unternehmen und dabei das beeindruckende Panorama Regensburgs bewundern. Zwar gibt es auch Sehenswürdigkeiten zu entdecken, das Hauptaugenmerk dieser Tour liegt jedoch auf der wohltuenden Naturerfahrung.

Ausgangspunkt ist der Spitalkeller in der Alten Nürnberger Straße, das Ziel der Wanderweg auf den Winzerer Höhen, einer der schönsten Wanderwege im Umkreis.

Länge: 1,5 km (kann auf 10 km verlängert werden)
Strecke: streckenweise steil, Kieswege, Treppen
Anfahrt: Linie 12 Richtung Heitzenhofen, Haltestelle Oberpfalzbrücke

Der Kreuzweg

Der Spitalkeller am Fuße des Dreifaltigkeitsbergs ist eine Gaststätte mit langer Tradition und besteht als Wirtshaus schon seit 1869. Im hauseigenen Theater wird durch regelmäßige Kleinkunstabende, Musik, Kabarett und Lesungen auch für das geistige Wohl der Gäste gesorgt.

Vielleicht gönnen Sie sich noch eine kleine Stärkung im Biergarten, denn der Aufstieg über den Kreuzweg, der rechts neben der Gaststätte beginnt, kann durchaus anstrengend sein.

Der Grundstein für die dreitürmige Dreifaltigkeitskirche, die man am Ende des Weges erreicht, wurde 1713 gelegt. Sie war eine Stiftung der Bürger Stadtamhofs, die auf diese Weise ihre Stadt vor den Auswirkungen der Pest schützen wollten, die 1713 in Regensburg wütete. In einer Gemeinschaftsarbeit unter der Führung des Brauers Michael Schlecht, dessen ganze Familie der Seuche zum Opfer gefallen war, erschufen die Bürger das Gotteshaus innerhalb von nur drei Jahren. Auch die Altäre und der Schmuck im Inneren der Kirche sind zum größten Teil Stiftungen aus dem 18. Jahrhundert.

Die Dreifaltigkeitskirche, erbaut als Dank für die Rettung vor der Pest

Der Weg führt nun immer nach Westen, direkt am Rand des Dreifaltigkeitsberges entlang. Nirgendwo sonst haben Sie einen besseren Blick über die Stadt, also nutzen Sie die Gelegenheit für ein Erinnerungsfoto!

Nach etwa 500 Metern endet der geschotterte Pfad und geht über in den Österreicherweg. Von diesem Platz wurden keine Schnappschüsse von Regensburg gemacht, sondern es wurde scharf geschossen. Hier lagerte nämlich die österreichische Artillerie, als 1809 während der Napoleonischen Kriege um die Vorherrschaft Regensburgs gekämpft wurde. Da die französische Armee den österreichischen Truppen überlegen war, flohen diese über die Steinerne Brücke, um sich in Richtung Böhmen in Sicherheit zu bringen. Die Artillerie, die auf dem Dreifaltigkeitsberg postiert war, schoss Stadtamhof daraufhin in Brand, um die Franzosen an der Verfolgung zu hindern. Der größte Teil Stadtamhofs wurde zerstört, und viele Einwohner kamen ums Leben. Heute erinnert ein Denkmal an dieser Stelle an die Ereignisse.

Ein Denkmal für die schlimmsten Stunden Stadtamhofs

Am Ende des Österreicherwegs trifft man auf den Schelmengraben. Die steile enge Straße ist nicht nach einem Spaßvogel benannt, wie man glauben könnte. Vielmehr war der „Schelm“ ein anderer Begriff für einen Abdecker, der hier am Rande der Stadt seinem als unehrenhaft geltenden Gewerbe nachging.

Die ehemalige Seidenplantage

Überqueren Sie die Straße – im Mittelalter ein wichtiger Handelsweg nach Amberg und von da aus weiter bis an die Ostsee – und steigen Sie anschließend auf der rechten Seite eine kleine Treppe zu einem Abhang hinauf. Das heute freie Feld war im 19. Jahrhundert von einem dichten Wald bewachsen. Mit Unterstützung König Ludwigs I. hatte die „Gesellschaft zur Beförderung der Seidenzucht in Bayern“ 1833 an dieser Stelle eine Maulbeerbaumplantage angelegt, um Regensburg zu einem Zentrum der Seidenraupenzucht zu machen. Mitte des 19. Jahrhunderts musste die Plantage aus Geldnöten aufgegeben werden, die meisten Bäume wurden abgeholzt. An die Zeit der Seidenherstellung erinnert allerdings noch das prächtige Wirtschaftsgebäude, im Volksmund ebenfalls Seidenplantage genannt.

Nachdem man den Abhang erklommen hat, erreicht man auf der Rückseite der Seidenplantage die Straße „Auf der Winzerer Höhe“. An ihrem Ende beginnt einer der schönsten Wanderwege Regensburgs, der auf acht Kilometern Länge bis nach Adlersberg führt. Lassen Sie sich von den anfänglichen Abzweigungen und Parallelwegen nicht irritieren: Da alle Wege früher oder später wieder aufeinandertreffen, ist es so gut wie unmöglich, sich hier zu verlaufen.

Nach Ihrem Ausflug in die Natur können Sie entweder denselben Weg zurück nehmen oder direkt den Schelmengraben hinunter: Beide Wege führen zurück zur Alten Nürnberger Straße, dem Ausgangspunkt der Tour.

Zu jeder Jahreszeit einen Besuch wert: die Winzerer Höhen

Service: Adressen und nützliche Informationen

Service

Ein Buch kann nicht alle Informationen bereithalten, die man für einen Aufenthalt in einer Stadt braucht. Das Informationsportal www.tourismus.regensburg.de ist deswegen der ideale Startpunkt für die Planung Ihres Städtetrips. Vor Ort stehen Ihnen die freundlichen und kompetenten Mitarbeiter der Tourist Information im Alten Rathaus zur Verfügung, die Ihnen gerne bei allen Problemen und Fragen behilflich sind. Hier können Sie auch jederzeit eine Übersicht über die aktuellen Preise und Öffnungszeiten der verschiedenen Regensburger Museen erhalten. Eine gute Ergänzung zu diesem Führer, denn so sind Sie immer auf dem neuesten Stand! Übrigens können Ihnen das Informationsportal und die Mitarbeiter der Tourist Information auch bei der Suche nach einer passenden Unterkunft helfen, denn über eine Million Übernachtungen jährlich zeigen es deutlich: In Regensburg gibt es weit mehr zu sehen, als an einem einzigen Tag möglich ist.

Öffnungszeiten Tourist Information: Mo. – Fr. 9 – 18 Uhr, Sa. 9 – 16 Uhr, So. und Feiertag 9.30 – 16 Uhr (in den Wintermonaten bis 14.30 Uhr)
TOURIST INFORMATION · ALTES RATHAUS
Rathausplatz 4 · 93047 Regensburg
Öffnungszeiten: Mo. – Fr. 10 – 18 Uhr · Sa. 10 – 16 Uhr (im Advent 10 – 18 Uhr), So. und Feiertage 10 – 16 Uhr (vom 1.11 – 31.3. 10 – 14.30 Uhr) · 24.12/31.12./Faschingsdienstag 10 – 14.30 Uhr · geschlossen 25.12 und 1.1.

TOILETTEN

Die vielen Sehenswürdigkeiten Regensburgs verleiten dazu, sich treiben zu lassen. Wenn dann aber noch etwas anderes treibt, muss schnell Erleichterung her. Unter https://www.regensburg.de/leben/gesundheit finden Sie einen Link zu einer Liste der öffentlichen Toiletten der Stadt. Hier können Sie auch einen Flyer der „Netten Toilette“ herunterladen, einer Aktion Regensburger Gastronomiebetriebe, deren Örtlichkeiten Sie kostenlos nutzen können. Ein weiterer

Pluspunkt des Flyers: Hier sind auch die Toiletten vermerkt, in denen ein Wickeltisch zur Verfügung steht, sowie ob sie für Menschen mit eingeschränkter Mobilität zugänglich sind.

STADTFÜHRUNGEN

Neben Beratung und Informationsbroschüren bietet die Tourist Information auch regelmäßig klassische und thematische Stadtführungen an, um die Stadt noch besser kennenzulernen. Auch Bustouren und Führungen per Segway sind möglich.

Besonders zu erwähnen sind die Erlebnistouren der Stadtmaus, die jedes Wochenende stattfinden. Verschiedenste thematische Führungen werden durch abwechslungsreiche Schauspieleinlagen unterstützt und so für Einheimische und Touristen gleichermaßen zum besonderen Erlebnis. Informationen finden Sie unter www.stadtmaus.de.

Die Stadtmäuse lassen Geschichte wieder lebendig werden

MOBIL IN REGENSBURG

Der Regensburger Verkehrsverbund (RVV, www.rvv.de) hat den Landkreis durch über 70 Buslinien sehr gut erschlossen. Für Fahrten innerhalb der Stadt genügen die Busse der Tarifzone 1. Besonderen Stellenwert hat hierbei gerade für Touristen der Altstadtbus, der im 10-Minuten-Takt die Plätze der Altstadt anfährt. Alle Busse halten auch in unmittelbarer Umgebung zum Hauptbahnhof, wo sich auch der Bustreff Albertstraße befindet, der zentrale Knotenpunkt des RVV.

Neben Einzeltickets gibt es die Möglichkeit, bei selteneren Fahrten ein Streifenticket zu erwerben. Pro Fahrt und Tarifzone müssen zwei von den zehn Streifen im Bus abgestempelt werden. Für mehrere Personen und häufigeres Fahren bietet sich ein Tagesticket an.

Die Preise liegen derzeit (Stand: Aug. 2020) bei 2,50 Euro für ein Einzelticket (Zone1), 10,00 Euro für ein Streifenticket im Vorverkauf, sowie zwischen 5,00 und 23,00 Euro für ein Tagesticket. Ein Innenstadt-Tagesticket für bis zu 5 Personen kostet 2,50 Euro. Die Tickets können sowohl im Bus als auch in zahlreichen Zeitschriftenläden oder am Automaten im Vorverkauf erworben werden, wobei der Kauf im Bus teilweise erheblich teurer ist. Und natürlich muss hier auch noch die RVV-App erwähnt werden, mit der Sie ebenfalls Tickets online erwerben können und jederzeit über Abfahrtszeiten und Verspätungen informiert werden. Mehr unter www.rvv.de/handy-ticket.

REGENSBURGER FESTE

Manchmal kommt es einem so vor, als wären die Regensburger Bürger nicht glücklich, wenn es nichts zu feiern gäbe. Gerade in den Sommermonaten gibt es kaum ein Wochenende, an dem nichts los ist. Hier einige wenige Beispiele, die sich zum Teil jährlich wiederholen, zum Teil im Zweijahres-Rhythmus stattfinden:

Das Bürgerfest: Seit vielen Jahrzehnten ein Höhepunkt der Regensburger Festkultur. Alle zwei Jahre herrscht in der gesamten Altstadt im Juni/Juli für ein Wochenende der Ausnahmezustand. Die Stadt feiert sich selbst, mit viel Bier, Musik, Theater sowie zahlreichen Veranstaltungen. Unbedingt sehenswert!

Musikfeste: Pfingsten steht ganz im Zeichen der Tage Alter Musik. In zahlreichen historischen Räumlichkeiten können sich die Besucher von den Klängen der letzten Jahrhunderte verzaubern lassen. Im Juni/Juli folgt darauf das Bayerische Jazz-Weekend, und Fürstin Gloria lädt ein zu den Thurn und Taxis Schlossfestspielen. Die

Weihnachtskonzerte der Regensburger Domspatzen beschließen das musikalische Jahr.

Mittelalterliche Unterhaltung beim Regensburger Spectaculum

Das Regensburger Spectaculum: Am Grieser Spitz in Stadtamhof kann man sich einmal im Jahr im Juni/Juli ins Mittelalter zurückversetzen lassen. Ritterliches Lagerleben, Vorführungen, namhafte Musikgruppen und andere Kuriositäten machen das Regensburger Spectaculum zu einem Erlebnis für Jung und Alt.

Volksfeste: Zweimal jährlich, im Mai und Ende August, findet auf dem Festplatz in Stadtamhof die Regensburger Dult statt. Die 14-tägigen Volksfeste reichen zwar in der Größe nicht an andere Veranstaltungen wie z.B. das Münchner Oktoberfest heran, doch die Stimmung ist durchaus vergleichbar und das Bier noch dazu günstiger.

Weihnachtsmärkte: Gleich vier Märkte vertreiben mit einem Glühwein die kalte Jahreszeit. Neben dem großen Christkindlmarkt am Neupfarrplatz und dem Kunsthandwerkermarkt am Haidplatz lädt auch das Schloss Thurn und Taxis zum Romantischen Weihnachtsmarkt in fürstlichem Ambiente ein. Letztendlich hat auch Stadtamhof 2009 seinen eigenen kleinen, aber feinen Advents-Markt im Hof des Spitalgartens bekommen, mit einem herrlichen Blick auf den nächtlich angestrahlten Dom und die Steinerne Brücke.

Stadterkundung macht bekanntlich hungrig. Deswegen haben wir hier eine Liste ausgewählter Lokalitäten und Cafés zusammengestellt, sortiert nach den Touren dieses Buchs.

Diese Liste erhebt natürlich keinerlei Anspruch auf Vollständigkeit oder soll Rückschlüsse auf den persönlichen Geschmack des Autors zulassen. Und keine Sorge: auch Vegetarier kommen bei den folgenden Lokalitäten zu ihrer verdienten Mahlzeit. Aber nun: guten Appetit!

Der Klassische Spaziergang (S. 14) führt unter anderem über den Haidplatz, in dessen Umgebung sich zahlreiche Lokale befinden, die eigentlich jeden Geschmack zufriedenstellen sollten. Von Pizza bis Thai ist alles dabei. Um die Ecke in der Krebsgasse finden Sie außerdem den Dicken Mann, ein österreichisch angehauchtes Lokal mit schönem Innenhof und exzellenten Salzburger Nockerln. Wer es etwas originaler möchte, ist im Bischofshof am Dom immer gut aufgehoben. Frankophile Gäste sollten sich das Café Orphée in der Unteren Bachgasse nicht entgehen lassen. Und falls Ihnen mehr nach asiatischem Stehimbiss ist, besuchen Sie unbedingt das Ha Tien, auch in der Unteren Bachgasse.

Rund um den Dom (S. 30) finden sich ebenfalls zahlreiche Lokalitäten für alle Geschmäcker. Ein Klassiker ist hier das Haus Heuport, das Ihnen sowohl auf den zahlreichen Freisitzen als auch im historischen Saal im ersten Stock einen wunderbaren Blick auf die Westfassade des Doms gewährt. Frühstück gefällig? Am Alten Kornmarkt werden Sie dabei im Café Rinaldi fündig.

In Stadtamhof (S. 44) können Sie sich vor allem in der Hauptstraße sättigen. Der Spitalgarten direkt an der Steinernen Brücke bietet dabei exzellentes Bier aus der eigenen Brauerei. Großen Wert auf saisonale Gerichte mit möglichst regionalen Produkten legt man einige Meter weiter im Meier. Und wer es gerne griechisch mag, ist im Pervoli an der richtigen Adresse.

Auf den Spuren der Wissenschaft in Regensburg (S. 54) gibt es auch kulinarisch so einiges zu entdecken. Besuchen Sie zum Beispiel das Café Weichmann mit seinem bezaubernden Innenhof in der Gesandtenstraße. Oder setzen Sie sich in die Neue Filmbühne am Bismarckplatz. Gerade hier zeigt sich übrigens an lauen Sommerabenden, dass die Regensburger Studenten nicht nur lern-, sondern auch feiereifrig sind. Wer es etwas abgeschiedener möchte, dem sei das Tapas am Ölberg empfohlen. Authentische spanische Gerichte in einem kleinen, versteckten Biergarten, ohne das schicke Ambiente der heutigen Szenelokale. Was will man mehr?

Das Höfische Gesandtenleben (S. 66) führt uns weit in den Südwesten der Altstadt, aber auch hier lässt es sich gut leben. Direkt am Fürstlichen Schloss in der Waffnergasse befindet sich das Brauhaus am Schloss. Im ehemaligen Kutschenstall der Thurn und Taxis genießen Sie hier bayerische Küche und selbstgebrautes Bier. Oder haben Sie Lust auf ein Mittagessen im Grünen? Dann finden Sie im Rosarium im Dörnbergpark bestimmt das Richtige.

Die Ostnerwacht hat ebenfalls mehr zu bieten als nur Sauerkraut und Seelenheil (S. 78). Fans der Slow Food-Bewegung und der regionalen Küche sollten den Leeren Beutel in der Bertoldstraße nicht verpassen. Für exotischere Geschmäcker empfiehlt sich das indische Restaurant Taj Mahal in der Ostengasse. Und damit auch auf dieser Tour ein Biergarten zu finden ist, darf das Chaplins kurz hinter dem Ostentor in der Adolf-Schmetzer-Straße mit seinem exzellenten Essen natürlich nicht fehlen.

Wer sich nicht nur auf die Suche nach der Künstlerischen Stadt (S. 90), sondern auch auf die Suche nach kulinarischer Kunst machen will, findet in der Kreuzschänke in der Kreuzgasse die wahrscheinlich besten Schnitzel Regensburgs (wobei auch die Käsespätzle nicht zu verachten sind). Und wer nach einem ausgedehnten Besuch der Ostdeutschen Galerie noch ein wenig im Stadtpark verweilen möchte, dem bietet das Café unter den Linden alles, was so einen Aufenthalt noch leckerer macht.

Auch auf Ihrem Weg entlang der Lebensader Donau (S. 102) sollen Sie nicht verdursten. Am niedrigen Eingang des Orkan in der Holzländestraße kann man leicht vorübergehen, ein Besuch ist die Kneipe aber auf jeden Fall wert. Etwas abseits der Tour, aber sehr zu empfehlen, ist außerdem das Lokanta in der Haaggasse. Hier werden

Sie mit kurdischen Spezialitäten verwöhnt. Und falls Sie am Ende der Tour bei einem gemütlichen Bier noch einmal das ganze Panorama der Regensburger Altstadt genießen wollen, finden Sie hierfür einen Platz in der Alten Linde in der Müllerstraße, direkt an der Steinernen Brücke, zwischen Altstadt und Stadtamhof.

Auf der letzten Tour dieses Buches, den Winzerer Höhen (S. 114), sind Einkehrmöglichkeiten naturgemäß eher spärlich. Nutzen Sie deswegen am besten gleich zu Beginn das Traditionswirtshaus Spitalkeller in der Alten Nürnberger Straße, oder halten Sie durch bis zum Prösslbräu am Adlersberg, Austragungsort des Palmators, des wohl weltweit größten Starkbierfestes. Als Alternative hierzu bietet sich auch der Biergarten des Höhwirt auf der Tremmelhauserhöhe an. Um hier eine urige Brotzeit genießen zu können, sollten Sie sich vorher allerdings mit entsprechendem Kartenmaterial versorgen oder zumindest einen funktionierenden Routenplaner zur Verfügung haben …

Der Autor

Thomas Schnakenberg wurde 1976 in Bremervörde geboren. Der Informationswissenschaftler arbeitet seit seinem Studium als Reiseleiter und Stadtführer in Regensburg und lebt dort mit seiner Familie und seinen vier Katzen.

PERSÖNLICHE NOTIZEN

PERSÖNLICHE NOTIZEN

Schematischer Liniennetzplan Regensburg

RVV Regensburger Verkehrsverbund

Stand: 01.02.2020

Tarif-Hinweis: Alle hier dargestellten Haltestellen – ausgenommen Grünthal und Irlbach – liegen innerhalb der Zone 1

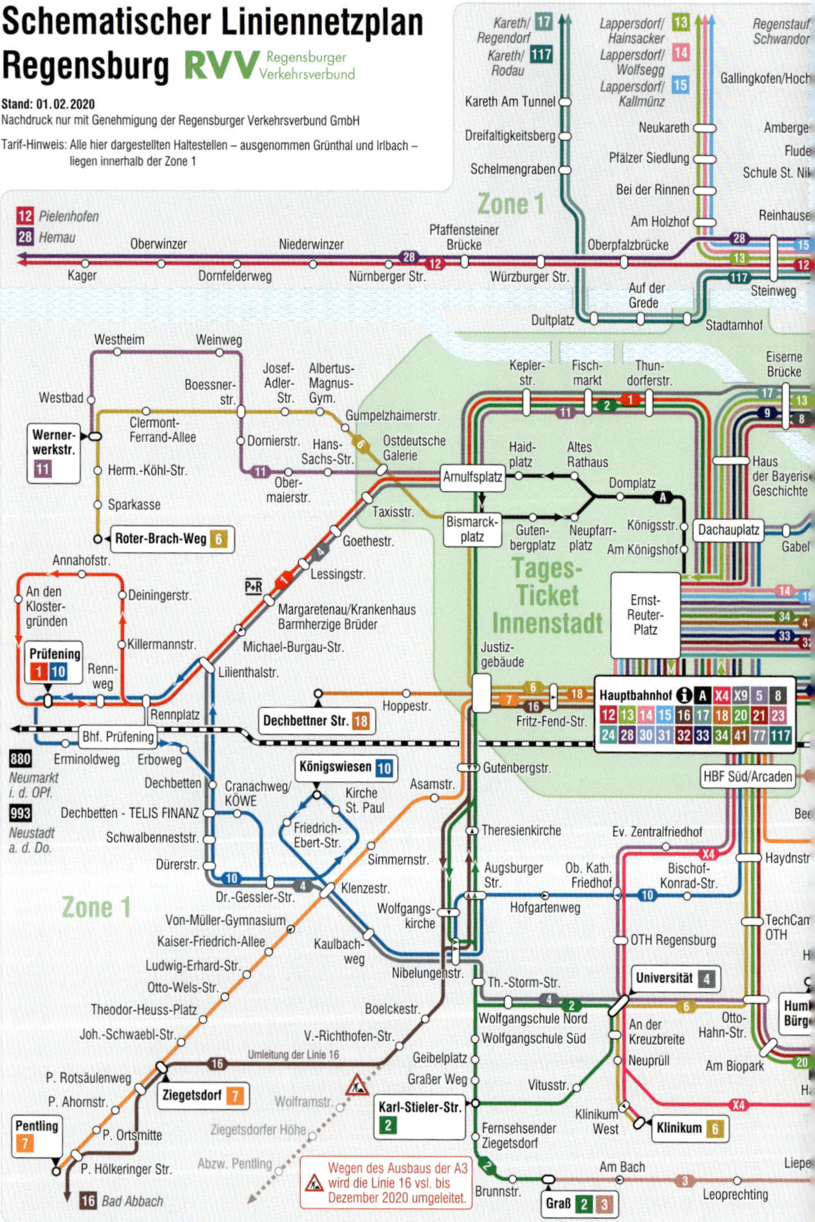

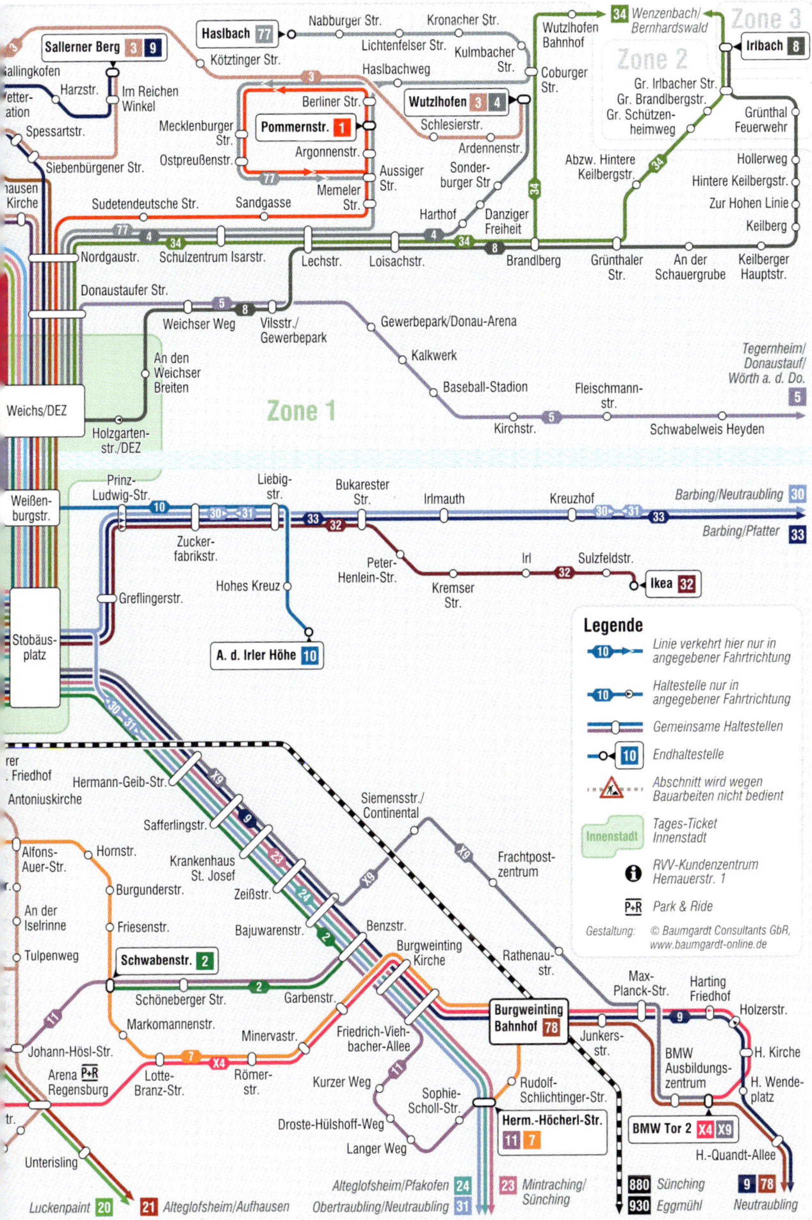

Zone 3
Zone 2
Zone 1
Haslbach 77
Sallerner Berg 3 9
Nabburger Str.
Kronacher Str.
Lichtenfelser Str.
Kulmbacher Str.
Kötztinger Str.
Haslbachweg
Wutzlhofen Bahnhof
34 Wenzenbach/ Bernhardswald
Irlbach 8
Coburger Str.
Gr. Irlbacher Str.
Gr. Brandlbergstr.
Gr. Schützenheimweg
Grünthal Feuerwehr
Harzstr.
Im Reichen Winkel
Spessartstr.
Siebenbürgener Str.
Berliner Str.
Pommernstr. 1
Mecklenburger Str.
Ostpreußenstr.
Argonnenstr.
Wutzlhofen 3 4
Schlesierstr.
Ardennenstr.
Aussiger Str.
Sonderburger Str.
Memeler Str.
Abzw. Hintere Keilbergstr.
Hollerweg
Hintere Keilbergstr.
Zur Hohen Linie
Keilberg
Sudetendeutsche Str.
Sandgasse
Harthof
Danziger Freiheit
Nordgaustr.
Schulzentrum Isarstr.
Lechstr.
Loisachstr.
Brandlberg
Grünthaler Str.
An der Schauergrube
Keilberger Hauptstr.
Donaustaufer Str.
Weichser Weg
Vilsstr./ Gewerbepark
Gewerbepark/Donau-Arena
Kalkwerk
An den Weichser Breiten
Baseball-Stadion
Tegernheim/ Donaustauf/ Wörth a. d. Do. 5
Fleischmannstr.
Weichs/DEZ
Holzgartenstr./DEZ
Kirchstr.
Schwabelweis Heyden
Prinz-Ludwig-Str.
Liebigstr.
Bukarester Str.
Irlmauth
Kreuzhof
Barbing/Neutraubling 30
Weißenburgstr.
Barbing/Pfatter 33
Zuckerfabrikstr.
Peter-Henlein-Str.
Irl
Sulzfeldstr.
Hohes Kreuz
Kremser Str.
Ikea 32
Greflingerstr.
Stobäusplatz
A. d. Irler Höhe 10
Legende
Linie verkehrt hier nur in angegebener Fahrtrichtung
Haltestelle nur in angegebener Fahrtrichtung
Gemeinsame Haltestellen
Endhaltestelle
Abschnitt wird wegen Bauarbeiten nicht bedient
Innenstadt
Tages-Ticket Innenstadt
RVV-Kundenzentrum Hemauerstr. 1
P+R
Park & Ride
Gestaltung: © Baumgardt Consultants GbR, www.baumgardt-online.de
Friedhof
Hermann-Geib-Str.
Antoniuskirche
Siemensstr./ Continental
Safferlingstr.
Alfons-Auer-Str.
Hornstr.
Krankenhaus St. Josef
Frachtpostzentrum
Burgunderstr.
Zeißstr.
An der Iselrinne
Friesenstr.
Bajuwarenstr.
Benzstr.
Tulpenweg
Schwabenstr. 2
Burgweinting Kirche
Rathenaustr.
Max-Planck-Str.
Harting Friedhof
Schöneberger Str.
Garbenstr.
Burgweinting Bahnhof 78
Holzerstr.
Markomannenstr.
Minervastr.
Friedrich-Viehbacher-Allee
Junkersstr.
H. Kirche
Johann-Hösl-Str.
BMW Ausbildungszentrum
Arena Regensburg
Lotte-Branz-Str.
Römerstr.
Kurzer Weg
Rudolf-Schlichtinger-Str.
H. Wendeplatz
Sophie-Scholl-Str.
Herm.-Höcherl-Str. 11 7
BMW Tor 2 X4 X9
Droste-Hülshoff-Weg
Unterisling
Langer Weg
H.-Quandt-Allee
Alteglofsheim/Pfakofen 24
23 Mintraching/ Sünching
880 Sünching
9 78
Luckenpaint 20
21 Alteglofsheim/Aufhausen
Obertraubling/Neutraubling 31
930 Eggmühl
Neutraubling

KAPITEL 9
KAPITEL 8
KAPITEL 7
Schwetzendorfer Stadtweg
Lappersdorf
Landkreis Regensburg
Regensburg
A 93
Auf der Winzerer H
Wehrlochweg
Nürnberger Straße
Donau
Donau-Radwanderweg
St 2660
Frankenstraße
Alte Nürnberger Straße
Am Pfaffensteiner Hang
Pfaffenstein
Schleuse Regensburg
Europakanal
Am Europakanal
Pfaffensteiner Wehr
Donau-Nordarm
Donau-Südarm
Lieblstraße
Inselpark
Städtische Sportanlage am Oberen Wöhrd
Kleingartenanlage Weinweg
Jahn-Trainingsgelände am Weinweg
An der Schillerwiese
Weinweg
Elisabethstraße
Bischof-Manfred-Müller-Schule
Winzererweg
Engelhartstraße
Josef-Adler-Straße
Altheimerweg
Westendstraße
Clermont-Ferrand-Allee
Grimmstraße
Pariciusstraße
Wendlerstraße
Seifertstraße
Obermaierstraße
Zieblandstraße
Herrichstraße
Schenkendorfstraße
Württembergstraße
Prebrunnallee
Holzländestraße
Lederergasse
Weitoldstraße
Haaggasse
Dalbergstraße
Hochweg
Praschweg
Eisenmannstraße
Arndtstraße
Kleiststraße
Gerlichstraße
Schillerstraße
Stahlzwingerweg
Kreuzgasse
Theodor-Körner-Straße
Lessingstraße
Stadtpark
Rilkestraße
Uhlandstraße
Goethestraße
Ostbayerische Technische Hochschule Regensburg
Prüfeninger Straße
Taxisstraße
Wiesmeierweg
Fürst-Anselm-Allee
Wittelsbacherstraße
Klinik St. Hedwig
Steinmetzstraße
Wilhelmstraße
Dechbettener Straße
Hoppestraße
Dörnbergpark
Margaretenau
Eichenstraße
Birkenstraße
Heitzerstraße
Liskircherstraße
Augustenstraße
Brauerei Bischofshof e.K.
Thurmayerstraße
Buchenstraße
Lindenstraße